[哈佛智慧·点亮一生]

凝聚哈佛智慧精华·学习精英心理品质·为你的心灵储备正能量·一切尽在

哈佛心理课

百年哈佛教你管理情绪、纵横职场、开发潜能、拥有财富智慧，创造幸福人生！

穆臣刚◎著

HARVARD

| 畅销 5 版 |

中国法制出版社
CHINA LEGAL PUBLISHING HOUSE

前　言

在竞争日益激烈的当代社会，“心理学”这个名词已然不再陌生。用心理学家的话来讲，学习心理学可以帮助人们加深对自身的了解，同时，它还可以被运用到人际交往中，使人们在交际场上左右逢源。

每个人都难免有迷惑的时候，一个健康的心理对于应对人生中的种种挫折和挑战起着至关重要的作用。对于那些陷入迷茫中的人来说，心理学就好比一座灯塔，为迷航的人们指引方向，让他们乘风破浪，平安归来。而对于那些站在成功之巅的人来说，心理学会让喜悦之心沉淀，教他们笑看云卷云舒。所以，心理学可谓是能给心障者雪中送炭、给健康人锦上添花的一门课程。

说起心理学这门课程，就不得不提全球第一学府——哈佛大学，其心理学课程在世界高校中尤为突出，她在对学生的心理辅导与情感疏导上，有着独特的理念和有效的训练模式。

众所周知，哈佛大学，这个查尔斯河畔的人才摇篮，自建校以来，为世界各地培养和输送了许多灿若星斗的优秀人才。可以说，自美国独立战争以来，几乎所有的革命先驱都出自她的门下，她也因此被誉为美国政府的思想库。当人们谈起哈佛，总会感叹于她在历史长河中所造就的一个个人才奇迹，可是，我们不要就此片面地理解为——哈佛仅仅是学术的圣地。事实上，她之所以能成为数百年来岿然不动的历史丰碑，还在于哈佛理念，以及哈佛精神带给哈佛学子、带给世人的震撼和影响。

说到此，你一定对这个傲然屹立于美国东海岸的神奇学府充满了好奇，那么，本书将通过哈佛的心理训练模式，带你完成对哈佛理念及哈佛精神的完全体验。当你读完《哈佛心理课》，你会发现，智商与情商，对人的主导作用，不分伯仲。

在本书中，所有属于心理学范畴的元素被细分和详解。作者从自我认识心理学谈起，然后对幸福心理学、情绪心理学、念力心理学、谦卑心理学、为人处世心理学、职场心理学、财富心理学、成功心理学和逆境心理学一一展开讨论与训练，挖开了心理学的死角，让你的每种情感都受到叩问与感化，从而使你的人生观、世界观和价值观更科学与全面，使你的人格魅力日臻完善。

本书从一开始就向你提出问题：你是否了解自己？对于很多人来说，对自己的了解程度尚未达到一定的深度。不要以为，知道自己衣服的型号，知道鞋子的码数，知道口味的偏好，知道爱好的所在就是了解自己。当你读了这本《哈佛心理课》，你会懂得，了解自己要从了解内心开始。每个人的内心都住着一个小孩，需要你去倾听他的声音，读懂他的喜恶，明白他的需求。当你学会在内心观照自己，那么，你才能算是已经了解自己了。接下来，本书向大家全面讲解了对幸福的理解。书中抛开一些流俗的幸福观，淡化了幸福与财富、权位、名利等的关系，向大家揭示了不一样的幸福真谛：幸福是一种感觉，幸福是一种心态，心理的健康关乎你的幸福。当你的心态健康，你就更容易感知幸福。然后就是引导大家对成功的领悟。成功源自什么？本书会告诉你，成功是有诀窍的，它可以来自正确的选择，也可以来自兴趣的所在，更能从四通八达的人脉网中轻易获得。找到一种适用于你的方法，成功将更快捷、更轻松。

毫无疑问的是，读了本书，你一定会对自己的人生观、幸福观、价值观等拥有新的领悟。你会发现，你的生活状态是由你的心理状态决定的，很多难解的问题，其实都可以通过心理疗法来解决。正如美国总统巴拉克·奥巴马所说："在大学期间，哈佛心理学让我懂得了什么是幸福，什么是成功；同时也改变了我的思维方向。"所以，不要错过这本《哈佛心理课》，它会完善你的人生。

目录 CONTENTS

Lesson 1 听懂心里的声音——了解自己的心理学

Lesson 2 幸福是可以后天学习的——创造幸福的心理学

Lesson 3 情绪需要用心去爱和关注——与情绪相处的心理学

Lesson 4 别样信念，别样人生——念力人生心理学

Lesson 5 谦卑心理，是唯一的真正智慧——谦卑智慧心理学

Lesson 6 分清自己和对方的心理需要——为人处世心理学

Lesson 7 职场不是战场，需要平常心——职场心理学

Lesson 8 像富人一样思考——财富能量心理学

Lesson 9 成功不等于圆满——成功心理学

Lesson 10 酸甜苦辣都是人生的“菜”——逆境心理学

LESSON 1

听懂心里的声音
——了解自己的心理学

我们通常只听得懂身体的语言，比如疼、发烧，我们会去医院求助，但却忽略了心里的声音，在面对自恋、恐惧、迷茫等不健康心理的情况时，我们不但察觉不到，更不懂得如何处理。哈佛心理学专家们进行过很多实验，提示人们要时刻察觉自己心理的变化，并及时解决，以便活出真正的健康状态。

拆除那堵超级自恋的墙

自恋是一个心理学的概念，是自己对自己过分自信、过分自满的一种心理表现。这种表现在生活中会表现为：过分地爱慕虚荣，夸大自己，爱打扮爱臭美等。大多数人都会有小小的自恋，在健康范围内的自恋并不会影响到生活。但也有一些人，自恋超出了健康的范围，生活在自己幻想的状态中，不关注自己内心真实的想法，一意孤行地做想象中的自己，离正常的人生轨道越走越远。

哈佛心理学博士丹尼尔·戈尔曼说："健康的自恋型的人，乐于接受现实的检验；不健康的自恋者，希望得到别人的推崇，而不是喜爱。"如果一个人自恋到不健康的程度，心中只有自我，就不能很好地融入社会，自然不被社会所接纳，成为危险的社会边缘人。

古希腊有一个神话，神话里的主人公，因自恋而身亡。在神话中，纳西斯是一个美少年，有无数少女为他神魂颠倒，可是不解风情的纳西斯对所有向他示爱的少女都不屑一顾，有些伤透了心的少女向天祷告，祈求上天惩罚这个木人石心的美少年。

女神娜米西斯也看不惯纳西斯的做法，决定要教训一下他。

有一天，天气炎热，纳西斯在郊外打猎，非常累了，便走到一个山泉旁边。这汪山泉水清如镜，四周的景物都倒映在水中。纳西斯便在山泉旁找了个地方休息，不经意间，他头一低，看到水中有一张俊美无瑕的脸孔。

这是谁啊？怎么如此俊美？纳西斯刹那间像着了魔一样，他伸手去碰触水中的脸庞，但那只是倒影，怎么会摸得到呢？他的动作只是让水中起了一片涟漪，纳西斯停了下来，水中人仍柔情无限地凝望着他。纳西斯如醉如痴地坐在水边，寸步不离，不饮不食，日复一日，不眠不休，只是呆望着水中自己的倒影。也不知过了多久，纳西斯这个本是无情的美少年终于为情而死。

女神娜米西斯的这个方法也实在太残酷了，但如果纳西斯不是一直活在自己的想象中，无比自恋，那即便女神要报复，也达不到目的。神话虽然有夸张的成分，但在这夸张中，我们也看到了自恋会对生活、工作、学习产生很大的影响，阻碍前进的道路。超级自恋的人，通常都是不被欢迎的人。

哈佛大学心理专家对自恋型人的研究表明：健康的自恋，能够区分自己的想象与现实的差别，对世界、对他人的评价都比较符合实际，能够较宽容地对待自己和他人。不健康的自恋者，难以区分幻想与现实，他们追求“绝对美满”，完全沉醉于自己的幻想中。对他人强求，要求别人一定要对自己好，却又不停地抱怨，感叹人心叵测、生不逢时，但对他人又缺乏信任，甚至对谁都充满敌意。

病态自恋的人，其实并不少见，只是在面对一系列症状的时候，大家不愿意对号入座而已。超级自恋的人，看起来无所不能，无所不通。但是他们容易嫉妒，无法忍受身边人比自己强。他们认为这个世界上的一切好事都应该降临到自己的头上。他们只有自我，没有他人，表面上看上去他们自尊心很强，而实际上，却是毫无自信，甚至超级自卑，所以为了表明自己更优秀，只能不惜贬低他人来标榜自己。

远离自恋的陷阱吧，活出自己真实健康的状态。

（1）自我分析，而不是一味自我欣赏。

一份真实的自我分析可以帮你打碎自恋的镜子。在分析中你会发现，你并不像自己想象的那么完美，甚至有好些行为连自己都无法忍受，当你发现这些真相，你还会崇拜自己，欣赏自己吗？自我分析最简单的办法就是列出自己的优势以及劣势，同时列出与自己的性格相关的真实事件。假如你的自我分析中只有优势和成功，肯定是自己在骗自己。当发现自己的缺点和劣势的时候，你也会找到自我修正的方向，未来会成为更好的自己。

（2）用欣赏的眼光看人、看世界，而不是挑剔。

很多人喜欢 24 小时生活在有镜子的地方，看到镜子时就对自己微笑，认为自己是最美的人；在工作中，认为自己是最能干的，希望时刻得到肯定和表扬。如果你是这样，那么你已经掉入了自恋的陷阱，赶紧尝试着把专注的目光从自己身上移开，去关注离自己最近的人。试着用心去发现别人的优点，当你看到更多的人身上有更多的让你停留目光的优点时，你的生活会丰富起来，你会觉得生活并不是你从前认为的那么无趣。

（3）允许自己犯些小错，不追求绝对完美。

自恋型的人，因为要强不允许自己犯错，所以每天谨小慎微，哪怕一点点的小事都追求完美，虐人虐己。人人都会犯错，犯错并不可怕，在错误中一样可以成长。开始尝试正确对待他人的批评，把他的批评当作一种激励，只有希望你成长的人，才会批评你。

哈佛心理锦囊

被自恋包围，而又不自知，是生命中的遗憾，所以我们应该经常审视自我，认清自己，尊重自己，同时也尊重他人，平等、友好地与他人相处，相信自己能过得好，也要真心祝福别人过得幸福。

了解内心，从自我认知开始

在人才济济的哈佛殿堂里，面对一些自以为是的学子，哈佛教授们总是毫不客气地对他们进行言语上的敲打："认识你自己，为你的无知而求知。因为只有自知的人，才能知晓他人。""认识你自己"的提法，看起来有点荒诞，因为这似乎是个不是问题的问题。而事实上，真正能认清自己，或者有过认真地认识自己想法的人，并不多。

2000多年前，古希腊人就把"认识你自己"作为铭文刻在阿波罗神庙的门柱上。古希腊的伟大思想家苏格拉底甚至把这句话当作了一生的座右铭。正如这句话的历史起源一样，它本身就是深奥且永无止境的。我们要认识自己，不但要认识自己的优势，也要客观地认清自己的劣势。正如哈佛大学第22任校长洛厄尔所说："认识自己能够做什么固然重要，但认识自己不能做什么更为重要。"事实的确如此，完美的人是不存在的，即使是一个面面俱到的人，也有着不为人知的死角。只有了解我们自己，认识到自己存在某些方面的"无知"，才能找到改进的方向，更好地进步。

把"认识你自己"作为座右铭的苏格拉底，就是一个很好的践行者。

一天，苏格拉底的故交凯勒丰特意跑到特尔斐神庙，向神请教道：“世上还有没有人比苏格拉底更聪明？”

神答曰：“再也没有人比苏格拉底更聪明了。”

于是，凯勒丰兴高采烈地把神的话传达给了苏格拉底，可是苏格拉底听了他的话后，并没有表现出高兴的样子，反而是一脸茫然和不安。

是的，苏格拉底很不安，因为他从来不认为自己是最聪明的人。为了扳倒神谕，苏格拉底决定要寻找一位智慧和声望都远远超过他的人。

他最先找到一位声名显赫的政治家。政治家以学识渊博自居，和苏格拉底忘乎所以地侃侃而谈。从谈话中，苏格拉底看清了无知的政治家自以为是的真面目。他想，这个人连善与美都不知道，却自认为无所不知，与他相比，我却能认识到自己的无知，看来我似乎真的比他聪明一点啊。

当然，苏格拉底还要继续求证。这次，他找到了一位声名远扬的诗人。可是，交谈下来，他发现诗人吟诗作赋大多是些陈词滥调，自创的成分极少。可就是这样一位诗人，却自以为能诌几句酸诗便做出一副目空一切的样子。

接下来，苏格拉底又向一位颇有名气的工匠讨教。令他失望的是，这位工匠竟也和那位不可一世的诗人一样，自认为自己一技在手，便傲视众人。这让苏格拉底从心底里感到可笑和厌憎。

通过几番求证，苏格拉底最终悟出了神谕：神所言，并非指苏格拉底最聪明，而是想以此警示世人——在众人之中，只有苏格拉底这样的人才是最有智慧的，因为他自知自己的无知。

苏格拉底的故事告诉我们，能体现出一个人智慧的，并不是他的过人之处，而是他能客观地看待自己，能认清自己。有智慧的人，对自己的认识绝不只停留在别人的赞誉之上，更不流于表面，而是善于了解自己的内心，在认识自己的无知并力求修正的同时，也肯定自己的长处，从而扬长避短，努力地完善自己。

认识你自己，是一项伟大的工程，因为它意味着你要知道自己想成为什么样的人，要达成什么样的使命。前者是做人，后者是做事，所以说，一个人只有认清自我，才能在为人处世上驾轻就熟，沉稳得体。正确地认识自己，客观地评价自己，对待人接物和处理问题，对事业的发展和生活的美满，都有极大的好处。一个不能正确评价自己的人，往往会产生心理障碍，表现出自卑和自闭，或者走另一个极端，盲目地自恋、自傲。因此，我们有必要通过各种途径来全面地认识自己。

（1）通过自我观察认识自己。

要想全面认识自己，我们在生活中必须做一个有心人，经常反省自己的言行，不断总结自己是一个什么样的人，找出自己的优缺点。自我观察是自我教育、自我提升的重要途径。它包括三个方面：一是对自身外貌和体质状况的观察，包括外形、风度和健康状况等方面的观察；二是对自我形象的观察，主要是对自己在所处环境中的言行举止以及适应社会的能力等的观察；三是对自己精神世界的观察，包括对自己的性格特点、兴趣爱好、政治态度、道德和智力水平等方面的观察。

（2）通过他人认识自己。

有句话说得好：别人就是自己的一面镜子。正如苏东坡所题："不识庐山真面目，只缘身在此山中。"仅凭自我观察来全面认识自己是比较困难的，有道是"当局者迷，旁观者清"，有时候，周围人对我们的态度和评价更能帮助我们认识自己、了解自己。这时候，就要求我们要尊重他人的态度与评价，并做冷静的分析。他人对我们的态度与评价，我们不盲从，也不轻视。

（3）从以往的经历中认识自己。

每个人都会有所经历，而经历中的一些成功和挫折，往往最能反映个人性格或能力上的特点，因此，我们可以通过自己以往的成功或失败的经验教训来发现个人的特点，在自我反思和自我检查中重新认识自我，发掘自己的优劣。

（4）从生理和心理上认识自己。

当然，生理主要是指身体健康与否。而心理则包括更多内容：心理是否健康，心理品质如何，意志、毅力、心胸、情绪的基本情况等。在分析自己的生理和心理特点时，务必要做到科学，唯有如此，才会更全面、准确地认识自己。

当然，认识自己的方法远不止这些，譬如做一些相应的心理测试或者借鉴别人自我认知的方法，也是未尝不可的。总之，只有选择适合自己的方法，才能最全面地认识自己。

哈佛心理锦囊

诚然，要打造一个完美的自己并不太容易，但拥有一个积极的、正确的、快乐的、幸福的心灵，却是每个人的心之所向。而要达到这些，真的需要自我认识的修炼。我们也许并不知道，人的一生，很多事都不那么重要，而认识自己，找到自己，才是最重要的，因为只有那样，我们才不枉是存在于世的独特的自己。

调适心理，在适应中成长

哈佛大学心理学硕士泰勒·本·沙哈尔说，那些成功孩子身上所具备的特质之一就是适应力。人的适应力有强有弱，但毋庸置疑的是，一个有着较强适应力的人，更容易与命运和平共处，更少不满和抱怨。人的成长过程，就是一个适应的过程。从我们离开母体的那一刻起，我们就开始了别样的适应的旅程。崭新的世界，年代的更替；不同的学习阶段，不同的同学和玩伴；不同的工作体验，不同的人际交往；新奇的婚姻生活，初为人父人母的角色更换……可以说，从降临世界的那一刻起，我们无时无刻不在适应着周遭的变化。只是，在这个不同的环境与人际相处、磨合的过程中，适应力的强弱，在个人的生活质量上起着重要的作用。那些适应能力较强的人，往往是一些心态平和、为人谦卑、不患得患失的人，这样的人不但更容易走向成功，而且生活得更加随性，更容易开怀。

在一座寺庙里，住着老和尚和小和尚。

一天，小和尚指着寺庙后一片荒凉的草地对老和尚说："师父，您看，这片地光秃秃的真难看，咱们赶紧给它撒点草籽吧！"

老和尚赞同地说："好啊！等下过一场雨，咱们随时都可以撒种子。"

过了几天，当一场雨过去，老和尚果真买了包草籽儿，叫小和尚去撒种子。

就在小和尚撒籽的时候，一阵风吹来，草籽儿飘向四面八方……小和尚着急地叫着："遭了，大事不好了，许多草籽儿都被风给吹走了！"

老和尚淡淡地对小和尚说：“嗯——没关系的。被风吹走的草籽多半是空的，即使撒在地上也发不了芽，随性吧。”

小和尚便继续撒草籽。可是，当他刚把种子撒完，便引来了一群麻雀。这下，小和尚又急了：“坏了，坏了！师父，草籽儿都让麻雀给吃了。这下可如何是好呀！”

老和尚安慰小和尚道：“别急。种子多，麻雀吃不完的，随便吧。”

播种当晚，忽然下了一场暴雨。第二天早上，小和尚急急忙忙跑到草地一看，又慌忙转身冲进禅房，高声嚷着：“师父，不好了！草籽儿都让雨水给冲走了，这下咱们可白费力气了！”

老和尚依然平静地说：“这有何关系呢？草籽被冲到哪里，就会在哪里发芽的，随缘吧。”

就这样过了七八天，原本光秃秃的草地上一夜之间冒出了一片青翠可人的绿芽！原本没有撒种的地方，也泛起了绿意。

小和尚见了，开心地手舞足蹈起来：“哎呀，居然发了这么多芽，长得这么好，真是太不可思议了！”

老和尚看着小和尚，轻轻地笑着说：“随喜，随喜。”

不难看出，故事中的老和尚便是有着较强适应能力的典范，对待事物和环境的新情况新变化，能从理性的、积极的方面去看待，所以，才有了随缘自适的心性，显得更从容大度。而小和尚，也正是另一类人的代表：轻率、消极，得失心较重。这类人在对待新局面的时候，易惊、易恐、易怒，从而容易出现手足无措的现象。他们对周遭的变化过于敏感、尖锐，一点小小的动静就能在他们的心河中荡起巨大的涟漪，以至于不能心平气和地待人接物，更严重的甚至会造成择业交友的障碍。所以，练就一份强大的适应力，对每个人都是必需的。

所谓适应力，实质上是一种心理调适能力，是一种潜能的存在。不管是人类的学习、工作，或是人际交往中，一旦遇到心理问题或心理障碍，这种潜能便被激发，能自觉主动地疏导、减轻甚至消除这些问题和障碍，从而改善一个人的认知水平，有效防范不良行为的产生。而适应力还有着更高级的功能，即促进人格的成熟，促成人类社会的相互沟通。一个心理调适能力较强的人，会在不同的阶段、不同的环境中做到自觉、能动、有选择地改造和利用环境，使自己与所处的氛围相容。而那些心理调适能力相对较弱的人，则很容易被过去的生活束缚，或者对现状充满疑惧，对未来充满不安，很难拥有一个平衡的心态，从而搅乱了身心。那么，当我们不幸属于后者时，该怎样来提高自己的心理适应能力呢？大致说来，应做到以下几点：

（1）自我认知与自我调控的统一。

简单说来，自我认知的对象就是人物本身，是对自身问题从认识、分析、解决到预测结果的过程。当我们通过各种有效途径完成对自身的认知以后，便已经达到了对自身的全方位了解，从而也就认识了自己的价值观、需求、情感态度，认识到自我内心的冲突，并根据真实的自我感觉来调控和指挥自己的言行，以达到与周围环境的一致。

（2）角色定位与环境需求的统一。

人生在世，扮演着不同的角色，担负着不同的使命。这些角色绝不是单一的，而是多重的、复杂的，而问题往往源于这不同种的角色中。我们知道，角色本身并不互相矛盾，矛盾往往产生于角色转换的过程中，即不能与每一个转换环境保持一致。最常见的有迁怒现象、移情现象。当遇到这种情况，我们应时刻保持清醒，清楚自己的置身之地，理智掌握分寸。唯有做到角色定位与环境需求的统一，才能得体做事。

（3）自我疏导与心理健康教育的统一。

所谓自我疏导，即自我学习、自我教育，而心理健康教育，则是向他人学习。就是在这样一个自学、自省与他省的过程中，学会客观地待人接物，从而适应各种环境的需要。

哈佛心理锦囊

适应是人生的一个过程，也是成长的历程。每一次的适应和突破，都是一个收获，一次成长。当我们在不同的角色转换中从容淡定；当我们在不同的环境交替中随缘自适；当我们在优胜劣汰中不骄不躁，那么，我们便是在适应中成长着，并拥有着笑看云卷云舒的胸怀，便能在不可预知的未来随遇而安。

无须完美，接受自己的不完美

在《波士顿环球报》上曾经刊登过一篇哈佛教授对毕业生的寄语，其中一条是："不要过分追求完美，不要给自己不必要的压力。生活不只是工作、学习，它还有很多很多。"意即不必苛求完美。无独有偶，一位毕业于哈佛大学的企业家亦说，在哈佛学习，最大的收获就是懂得了人生当中不必事事追求完美。因为很难有人达到事事完美，毕竟人的精力有限，顾此难免失彼，凡事做到尽己所能，便不会遗憾，也不会追悔莫及。

完美是个极有感召力的形容词，想必也是每个人的心之所向。只是，完美并不那么容易就能获得。在到达完美的途中，往往有难以逾越的山，或者无以穷尽的水。也许，在你跋山涉水之后所到达的完美，并不是你想要的，而是别人所想。而你付出的这些心力，其实可以轻易获取另一些更适合你的美好。所以说，完美有时只是个人的追求和审美，不必盲目追求，也无须尽善尽美。倘若你对那些没能获得的“完美”耿耿于怀，那么一系列的负面情绪便会倾巢而出，反而徒增烦恼。

一个未婚的男人来到一家婚姻介绍所寻找伴侣。进了大门后，迎面看见两扇小门：一扇写着“美丽的”，另一扇写着“不太美丽的”，男人毫不犹豫地推开了“美丽的”门。迎面又见两扇门：一扇写着“年轻的”，另一扇写着“不太年轻的”，男人选择了“年轻的”门。迎面还是两扇门：一扇写着“有钱的”，另一扇写着“不太有钱的”……就这样，男人依次选择了“温柔聪慧的”“忠诚的”“勤劳的”“幽默的”等九重门。当他推开最后一扇门的时候，只见唯一的一道门上写着：对不起，由于您过于追求完美，这辈子没有符合您要求的，请下辈子再来吧。

刻意地追求完美，耗费的不仅是时间和精力，还有获得幸福的机会。当然，这里的“幸福”不等同于前面所追求的“完美”，而是从客观上能与追求者相匹配的人和事。要知道，当我们把时间花费在追求完美上，便没有时间来做好别的任何事情，可谓是因小失大。

完美，是美的最高标准，是追求的最高境界，因为它“最高”，所以“最难求”。而在这个追求“最高”的过程中，我们难免会贪欲膨胀，难免会心理失衡，最终弄巧成拙，两手空空，得不偿失。

美国著名的社会活动家、心理学教授赫伯特·西蒙曾说：“‘最好’是‘好’的敌人。”为此，他讲述了自己的故事：“在我很小的时候，有一次为了反复纠正作业中的一个单词，而把作业本擦破了。最后，我只好换了一个新的作业本，并把已经完成的作业重新写了一遍，这次作业花了我整整半天的时间。为此，我苦恼不堪，找不到错在哪里。这时，祖母给我讲了这样一个故事：‘一个渔夫从海里捞到了一颗珍珠，他非常高兴。可是，令他遗憾的是，珍珠上面有一个小黑点。渔夫想，如果我把这个小黑点去掉的话，这颗珍珠不就完美了？于是，他把珍珠刮掉了一层，但是他丧气地发现，黑点仍在。于是，他不甘心地又刮了一层，可是黑点依然在。就这样，他继续刮，刮到黑点没有了，但珍珠也不复存在了。’”

这个故事告诉我们：不完美的存在，有时候恰巧是为了维持完整和美好。一旦盲目地消灭不完美，反而会把事情弄糟，离所谓的“完美”更远。这个世界，正因为有了不完美，才促成了人们的追求。而面对不完美，最理智的做法就是努力改善，积极进取，而不是一味追求另一个极端。有道是“恰到好处是最美”。

从另一种角度来看，追求完美，既是对自己苛求，也是对他人苛求。我们不能一味追求完美，要给自己和他人留一个宽松的空间。过分地追求完美，择业时会错失良机，择偶时会错过最适合自己的姻缘，择友时会失去真心的朋友。这些不经意间的错失，也许穷尽一生都无法追回。所以，一旦发现自己有了过分追求完美的心态，一定要及时调整，以免因小失大。

（1）接受自己，悦纳自己。

人最容易走进的误区就是“得像别人一样”。特别是不自信的人，看别人的时候，总是抱着万分的崇敬和钦羡，总是用别人把自己比下去。这样的人，从内心里无法接受自己的现状，更做不到悦纳自己，因为他认为自己是不完美的，完美的是别人。其实，无论是怎样一个人，都是别人的风景，你不满意的你自己，也许在另外的人眼里也是有着闪光点的。所以，打消“别人才是完美的”的念头吧，学会接受你自己，相信存在即合理，这样，你才能找回自信，投入某件事里，而不是盲目地追求那些不适合你的“完美”。

（2）了解你能达到的完美和别人认同的完美。

有一句俗话是这样说的：“打米要量家底，吃饭要量肚皮。”追求完美，在理论上无可厚非。可是，在付诸实际行动之前，应该对自身有个清醒的认识，量一量自己能达到的“完美”究竟是怎么一个程度。一方面，了解自己各方面的条件，包括能力、经济实力、意志力等。只有在自己能力范围内追求“完美”，才不算贸然行事。另一方面，你得了解你周边相关的人对你要追求的“完美”的看法，即他们对此的认同感，如亲人、朋友、同事和领导。因为我们做的很多事，并不是独立的，而是与别人有着千丝万缕的关系。只有得到别人的认同和支持，你才会得心应手。

（3）豁达也是一种完美。

刻意地追求完美，人生反而因为绷紧的神经而失去很多洒脱的乐趣。所以，哪怕我们知道当下的自己的确不太完美，也要笑着对自己说，不打紧，慢慢来。当你知道，世间万事万物皆不是尽善尽美，你就会理解这个世界的包容力。只要我们能和人生友好相处，何必太计较每件事都必须做到完美？学会豁达，反而会拥有大度之美。

哈佛心理锦囊

这个世界，原本就没有十全十美的人和事，所以，何必与自己较劲？当一个人强迫自己超越自身能力去与欲望苦战的时候，他的心性已经失去本真，即使收获一星半点的“完美”，又有何用？要知道，我们都是凡人，无须完美。接受不完美的自己，便会收获一份淡泊的美好，何乐而不为？

宽容待人，天地自宽

子贡问曰：“有一言而可以终身行之者乎？”子曰：“其恕乎！己所不欲，勿施于人。”而哈佛教授杰西卡·斯特恩也曾说过：“只有勇敢的人才懂得宽容，懦夫绝不会宽容，这不是他的本性。”由此可见，宽容不仅是古人修身的法则，也是今人不可缺失的美德。

那么，何谓宽容呢？有道是“有容德乃大，无欲心自闲”。也就是说，一个宽容大度的人，其美德会不断扩大；一个人如果没有私欲，就会获得一份平和的心境。美德与平和，是多少人追求一生的东西呢？所以，学会宽容吧，唯有如此，才更容易接近圣洁的心殿。

一列火车正开往费城，有一个妇女在中途上了车。她找了一节空荡荡的车厢，并选了一个靠窗的位置坐下来。这时，坐在她对面的男人旁若无人地点燃了一支香烟，并深深地吸了几口。妇女一闻到烟味就憋得慌，于是她故意把头扭向窗外，并咳嗽了几声，想以此提醒男人别再吸烟。可是，对面的男人对此毫无知觉，因为他压根就没有注意到她的举动。这下，妇女不再客气了，她大声对那男人说：“先生，你是不是第一次乘坐本次列车？你可能不知道吧，这列火车有一间专门的吸烟室，在车厢里是决不允许抽烟的。”男人听了妇女的话后，愣了愣，然后对她抱歉地笑笑，顺手将手里的香烟掐灭，丢到了车窗外。

不一会儿，妇女见几个穿制服的男人走进了她的车厢。他们径直走到她面前，说：“这位女士，很抱歉，你走错车厢了，这是格兰特的私人车厢，请你马上离开。”这些人的话把妇女吓得不轻，天哪，坐在她对面的男人竟然是大名鼎鼎的格兰特将军，顿时，她感到全身直冒冷汗。但格兰特将军却一点儿也没有怪罪她的意思，而是微笑着对自己的下属说："无妨，就让她坐这儿吧。"

格兰特将军的宽容让妇女肃然起敬，而他的仁德也被世人争相传颂。正是凭借着这样一种博大的胸襟，他征服了自己手下的士兵，使他们帮助他打了很多胜仗。而他自己，最终成了受人敬仰的美国总统。

格兰特将军的故事告诉我们，对他人宽容，也会赢得别人的宽容和尊重。多一分宽容，就多一分理解；多一分宽容，就多一分感动；多一分宽容，就多一次让别人重新看待你的机会。所以，不要吝啬自己的宽容，不要挑剔别人的过错，做一个豁达的人，这将对你的人生有益无害。

林肯在参选美国总统时，他的竞选对手斯坦顿曾使出一切恶劣手段在公众面前侮辱他，诋毁他，让他形象受损，丢尽脸，出尽丑。但是，即便如此，林肯最终还是胜出，当选为美国总统。正当大家都以为斯坦顿就此完蛋的时候，林肯却委任他为参谋总长组建内阁。林肯对斯坦顿的宽容，不仅感动和征服了斯坦顿，也受到了美国民众的赞赏。此后，在跟随林肯的岁月中，斯坦顿总是身先士卒，尽忠职守，以此报答林肯对他的宽容。

由此可见，宽容会让施与受的双方都从中获益，从经济学的概念上来讲，它会促成双方的共赢。伟大的黎巴嫩诗人纪伯伦也曾说：一个伟大的人有两颗心：一颗心流血，一颗心宽容。也就是说，宽容在我们的为人处世中，是极其重要的，就像血液供养我们的身体一样，它供养着我们的灵魂。如果缺失了宽容之心，我们的灵魂就会脱离本真。

宽容他人，就是对他人的一种理解和尊重，你的不计前嫌、以德报怨，会让他人看到你灵魂的闪光点，从而欣赏你、感激你；宽容他人，假以时日，会让人看出你的真心所在，从而自惭形秽，敬畏你。与其反唇相讥、打击报复、以牙还牙，不如一笑泯恩仇，这样岂不更是快意？对待任何人和事，不要往阴暗面去想，更不要走极端，一心向阳，自然也就做出阳光举动。所以，首先还是要调整好自己的心态，教自己学会宽容，走向更广阔的天地。

（1）理解宽容的价值。

宽容是一种高贵的品质，更是一种博大的胸怀。有了宽容，就能“干戈化玉帛”，仇恨的乌云也会被祥和之光驱逐，天空将变得一片澄澈。一个胸怀宽广，善于理解和包容他人的人，必定是个善良豁达、志趣高远的人，这样的人，更容易被人接受和喜爱，更容易走向成功。

（2）换位思考。

面对别人的过错，我们首先应该想到“人非圣贤，孰能无过”。凡事站在别人的立场来思考，设身处地地为别人想一想，这样做的原因是什么。这样一来，你心中的怒气会消散很多，心态也会放平和，因为你在尝试着摆脱自我中心，而试着去理解对方的苦衷。理解是沟通的桥梁，正是有了对别人所作所为的理解，你才会大度地原谅别人。

（3）宽容自己。

宽容不应该只针对他人，也包括自己。一个连自己都无法包容的人，又何来对别人的忍让？我们应客观公正地看待自己，正视自己的缺点和错误，并不断地去克服和纠正它，而不是一味苛责，甚至厌憎自己，破罐子破摔，这种和自己较劲的举动都是缺乏理智、不可取的。宽容待人，从宽容自己开始。

哈佛心理锦囊

老话说得好："眼里有尘三界窄，心头无事一床宽。"不要让你的心蒙尘，不要让你的思想变得狭隘。学会用包容的心态对待自己和他人，大事会化小，小事会化了。当你用微笑和原谅来和解那个该死的芥蒂，那么恭喜你，你的世界大了。

LESSON 2

幸福是可以后天学习的——创造幸福的心理学

哈佛的幸福课是哈佛最受欢迎的选修课，这一门听上去很抽象的课程受欢迎的程度超过了很多王牌课。人们对幸福如此关注，也从另一个侧面反映了人们对自己的幸福指数并不满意。无独有偶，一个关于“你幸福吗？”的话题引起了我国全社会的大讨论，但讨论的过程是，大家争先恐后地晒出不幸福的证据，结果是，一个比一个更不幸。如果我们把自己定义为不幸福的，就会把晒不幸福当作乐趣，如果我们愿意接纳不幸福的自己，那么我们离幸福就越来越远了。

心态健康，才能乐享幸福人生

当今社会，幸福是一个平民化却又高不可攀的概念。幸福似乎随时随处可见，幸福似乎又那么遥不可及。但是更多的人把幸福神圣化，认为它是精神世界的一种奢侈品。其实，幸福只是一种感觉，它不取决于人们的生活状态，而取决于人们的心态。

何谓“心态”？心理学上把心态解释为人内心一种比较微弱而持久的情绪状态。心态具有弥漫的特点，通常会影响人的整个精神面貌，使之在这段时间的所有活动都笼罩着同样的情绪色彩。一旦人的心态失衡，最先扰乱的就是他生活和工作的平静，从而影响他的办事效率和为人处世的态度；而一个心态阳光健康的人，却能用正能量驱逐那些干扰幸福的因素，从而乐享幸福的人生。可以肯定地说，心态对我们的学习、工作、生活以及健康都起着举足轻重的作用。我们幸福与否，有赖于心态的健康程度。正如古罗马哲学家西尼加所说：“差不多任何一种处境——无论是好是坏——都受到我们对待处境的态度的影响。”

一个悲伤绝望的妇人决定投河自杀，原因是她的确遭遇了许多不幸。先是结婚五年的丈夫弃她而去，紧接着她唯一的精神支柱——不到三岁的儿子，也在一场意外中丧生。妇人不知道老天爷为何对她如此残忍，把她拥有的东西一样样剥夺。她觉得继续活着再无意义，不如一死百了。

妇人刚投河，就被一位好心的老艄公救上了岸。妇人哭着说，为什么连死的权利都要被剥夺。于是老艄公就问她："看你年龄不大，人生之路还长着呢，怎么就选择轻生了呢？"于是妇人又向他哭诉了自己的悲惨遭遇。

老艄公听了之后，沉默片刻便问她："那么，五年前的你，生活得怎样呢？"少妇说："那时候当然不一样，因为我还没有结婚，没有丈夫和孩子，所以过着无忧无虑的生活。"于是老艄公对她说："如此来说，命运之神也只不过把你又送回五年前而已。你现在的状态和那时差不多，一样没有丈夫和孩子，可以过着无牵无挂的生活。"

妇人听了老艄公的话，觉得有道理，便决心从今以后快乐地生活。

从这个故事中，我们不难看出，妇人最初的忧伤绝望，是纠结在她的失去之上。因为五年来，她把自己的幸福维系在丈夫和孩子身上，所有悲喜全由他们掌控。一旦家庭破碎，她便觉得失去了幸福的支撑，变成了全天下最不幸的人，也因此而厌倦活着。在现实生活中，这样的人比比皆是，大家都是依托着某一些精神支柱而开心着、烦恼着。想必这也是当代人幸福指数越来越低的原因之一吧。其实，前面我们已经说过，人的幸福感是一种内心的感受，如果我们总是把它同外在的因素联系起来，那很不幸，你的幸福掌握在别人的手里。所以，我们要培养一个健康积极的心态，那就是——客观公正地面对得失，把幸福掌握在自己手里。

有一位心烦意乱的人去拜访禅师。

他问禅师：我觉得我的命运糟透了。我真怀疑自己将要这样活一辈子。请问真有命运吗？

禅师说：命运是有的。

那人立刻哭丧着脸。

这时，禅师叫他伸出左手来，并把那些决定命运的线指给他看："你看，这条斜线是事业线，这条横线是爱情线，这条竖线是生命线。"

末了，禅师又让他把左手慢慢地握紧，然后问道："现在，你觉得这几条线在哪里？"

那人不假思索地说："在我手里啊！"

禅师说："对了，命运永远掌握在自己手里。所以，静下心来，好好地调整你的情绪和心态吧。"

那人一听，恍然大悟，便谢了禅师，高兴地回去了。

我们总是叩问谁在左右我们的命运，殊不知命运一直掌握在自己手里。倘若一个人永远随着阴晴圆缺、悲欢离合来决定自己的悲欢和行为，那么，他将永远地失去自己。日本著名的管理大师安岗正笃也曾说过，心态变则意识变，意识变则行为变，行为变则性格变，性格变则命运变，也就是说心态决定了我们的命运。所以说，你看待万事万物的心态，直接决定了你人生的质量，直接影响着你的幸福指数。所以，我们不要再在人生的沉浮中大悲大喜，大哭大笑了，倒不如静下心来，好好反思自己对待工作、生活及世事的心态，及时调适自己的心理，让心理回归健康与阳光。

对此，哈佛大学的哈根教授特地制订了以下措施，帮助人们积极调适自己的心理状态。

（1）培养积极进取的人生态度。

一个心理健康的人，总是热爱生活、热爱生命、珍惜拥有的人，他们对生活永远保持乐观态度，对人生充满希望和信任。无论做什么事情，他们都会怀着十二分的负责的态度去面对它，然后全身心地投入进去，而不会去想象甚至担忧结果的好坏。对他们来说，每天都是充满希望的，任何的困难和挫折，都会被自己消灭。正因为如此，他们享受着过程中的快感，以及不辜负光阴的自豪感，而至于结局怎样，他们觉得，只要自己尽心尽力，便没有什么遗憾的。

（2）有较强的自我认知能力。

世界上最难的事，莫过于认识你自己。一个心态健康的人，一定是个自知的人。也就是说，他们能够正确评估自己的能力，能正确估算自己的价值，能客观地看待自己的长处和不足之处。所以，在做任何事情的时候，他们不会抱着超越自身能力和现实的预期，然后被结局的好坏牵制。所以他们凡事看得很开，也因此拥有了一个良好的心态。

（3）享有良好的人际关系。

心理健康的人都具有以下特点：

A．心性乐观开朗，总是互相鼓励。

B．懂得尊重、理解他人，从不将自己的观点强加到他人的身上。

C．宽容、正直，坦诚相待，富有同情心。

D．在与他人的交往中能够做到谦卑，能较虚心地向他人学习。

E．不与人发生正面冲突，遇事能通过理智、合理的方式解决。

（4）有健全的人格。

一个心理健康的人，其人格必定是健全的。人格主要包括气质、能力、性格和理想、信念、动机、兴趣、人生观等各方面。健全的人格即指这些因素都能平衡发展，能完整、协调、和谐地表现出具有自己特色的精神风貌。

哈佛心理锦囊

人人都渴望幸福，人人都能得到幸福，关键就在于你的健康心态。有道是：“莫畏浮云遮望眼，走出自我天地宽。”在这纷繁复杂的人生旅途中，停下脚步，静下心来，调适好心态，再从容启程，相信你一定能走出一片崭新的天地。

别让好胜心夺走了你的幸福感

哈佛大学威廉·詹姆斯教授认为，人性中最本质的属性是想得到别人的赞赏。但是，利用好胜心应适当。事实也的确如此。一个人不敢竞争自然不是什么好事，但就怕物极必反，竞争心、好胜心太强，反而更加得不偿失。

美国社会心理学家莱恩博士研究发现，近40年来，在美国自认为幸福感强烈的人数一直呈下降趋势。那么，这是由什么原因造成的呢？调查显示，人们的幸福感不再与收入成正比，小康者的幸福感更强烈。与此同时，英国的《太阳报》在报道中称，在对1万名工人和5000个家庭进行的调查中发现，自认为最幸福的英国人是那些平均每个星期只挣255英镑的人，这样的收入在英国属于小康水平。而一份来自中国的调查显示，在对上海、北京、杭州等6个大城市居民幸福程度的调查中，人们发现，幸福指数最高的人，并不是那些所谓的大款，而是月薪在三千元左右的中等收入或中等偏上的小康者。这再一次证明，那些对生活不抱过高要求的人，往往最容易有幸福感。也就是说，他们并没有过强的好胜心，并不把出人头地当作幸福的指标，而他们的幸福感，也正来自知足常乐。

从另一些心理专家的研究中发现，好胜心强的人总有“压人一头”的想法，总想要展示自己。其实，这在职场或人际交往中，都是一个大忌，因为好胜心强的人往往是那些孤芳自赏、离群索居的人，很难融入某个圈子。所以，我们可以保持适度的好胜心，但千万不要去过度追求超越别人，不要在失去自我的同时，也失去了别人对自己的肯定。

8 岁的她因为身体底子差，每次体育课都落在最后。这让好胜心极强的她感到非常难过，甚至对上体育课产生了抵触和逃避心理。这时，妈妈安慰她说：“只要你能坚持跑完全程，跑在最后有什么关系。我们不要想着去超越第一名，你的目标是：只追你前一名同学。”

她想了想，认真地点点头。再上体育课的时候，她就什么也不想，只管奋力追赶她前面的同学。虽然，每次她都只超过一名同学，却也因此爱上了体育课。

9 岁时，她把“只追前一名”的概念运用到学习中。

2001 年，她顺利地从北京大学毕业，并被哈佛大学以全额奖学金录取，成为当年哈佛教育学院唯一录取的一名中国应届本科毕业生。

她就是朱成。在哈佛期间，她表现同样出色，一举拿下了硕士学位和博士学位。在读博期间，她还当选为有 11 个研究生院、1.3 万名研究生的哈佛大学研究生总会主席，这可是哈佛大学 370 年历史上第一位获得该职位的中国籍学生，这在世界上引起了不小的轰动。对于自己的成功，她觉得是那个“只追前一名”的理念帮助了自己，因为那样的目标真实而又适度，每追上一名，她都会备受鼓舞，从而越发脚踏实地地继续进步。

如果8岁的小朱成因为好胜心驱使，立志要赶超第一名，她此后的人生不知道还会不会如此辉煌。但可以肯定的是，当一个人立下了超能力的志向，他的进取之路，一定不会如此轻松自然，更不会享受到一次次小小的超越带来的成就感和鼓舞的力量。所以，让自己的好胜心无限膨胀，并不是什么好事，虽然那也许彰显了你的宏伟志向，但你一路走来，并不一定能够获得相同比值的幸福感。所以，为了不让过度的好胜心抢走你的幸福感，现在就来学着调整好自己的心态吧!

（1）知足常乐。

心理学家认为，知足常乐不是说要降低期望值，更不是自我麻痹，而是为人处世中的一种平和心态。人生在世，没有什么事情可以一帆风顺地完成，困难与挫折总是不期而至。如果我们拥有了一种比较容易满足的平和心态，就不会把得失看得太重，也就不会给自己平添烦恼了。

（2）放低姿态。

放低姿态并不卑微，相反，懂得适时地放低姿态的人，反而更容易得到别人的尊重。所以说，放低姿态，是想要幸福和成功的人必须具备的一种心理调节能力。懂得放低姿态的人拥有积极、乐观的心态和谦卑的气质，放低姿态后会得到更多的赞同力量，为成功奠定深厚的人脉基础。

（3）不要设置“假想敌”。

生活中，不乏有人喜欢不自觉地为自己树立“假想敌”，认为某个人可能会对自己不利，然后处处防备，时时绷紧神经准备应战。这样的人不但不能和人友好相处，反而因为过度地敏感和猜疑而让自己变得神经质，甚至偏激和不可理喻。这样导致的结果就是，自己把自己打倒了。

（4）切忌锋芒毕露。

俗话说："枪打出头鸟。"一个锋芒毕露的人，在展示自己才能的同时，也把自己置身于不妙的境地中。一个处处彰显自己锋芒的人，只会让人对你防范有加，要么铆足劲儿打败你，要么出其不意地"捅你一刀"。所以，不管是工作还是人际交往中，一定要遵循一个原则，那就是做事要适度低调，锋芒毕露往往会导致事与愿违的结果。

哈佛心理锦囊

太过争强好胜的人，很难停下来享受现有的成绩或生活，他们的目标一个接一个，即使拥有别人艳羡的生活也不能满足。这样的人，即使有了成功的光环，即使物质丰裕，也很难感到幸福。一个对幸福感比较迟钝的人，不能不说是极其可悲的。所以，让你的争强好胜之心适可而止吧！保持一颗平常心，享受一下凡人的幸福，才不枉你身在凡尘中。

感恩别人，幸福的是你自己

在《哈佛教授与女儿的对话》一书中，有这样一段对话：

女儿："一句'谢谢'有那么重要吗？"

教授："常怀感恩之心，人就会变得善良、自信、快乐。"

毫无疑问，善良、自信和快乐，是我们多数人追求的目标，因为这是最能给我们带来幸福感的情绪体验。哈佛人也认为，只有心怀感恩的人，才能视万物为恩赐。一个懂得感恩的人，必定是一个胸怀博大的人，他们不但会因为一颗感恩的心而得到爱的回报，还会因为心怀感恩而充满幸福感。

感恩节是由美国人民独创的一个古老节日，这个节日正是来自一个关于感恩的故事。

1620年，一些饱受宗教迫害的加尔文教清教徒，乘坐“五月花号”木质帆船去北美新大陆寻求宗教自由。在海上经历了两个月的颠簸折腾后，他们终于在酷寒的十一月里，在现在的马萨诸塞州的普里茅斯登陆。就在第一个冬天里，一半以上的移民都死于饥饿和传染病。而那些侥幸活下来的人生活也十分艰难，他们在来年的春季开始播种。为了能继续生存下去，一整个夏天，他们都在祈求上帝的保佑，希望能盼来一个丰收的季节，否则，他们只能接受死亡的结局。

值得庆幸的是，当年的庄稼获得了丰收。大家喜极而泣，非常感激上帝的恩赐，决定要选一个日子来永远纪念。于是，美国的感恩节诞生了。在这一天，具有各种宗教信仰和各种身份背景的美国人，都一起为他们一年来所受到的上苍的恩典表示感谢，并虔诚地祈祷上帝能继续赐福于世。

感恩是一种自觉性行为，它出于行为人的谦卑和爱心。一个懂得感恩的人，不但拥有无上的爱心，更懂得珍惜自己所拥有的东西。可生活中却有很多人总是抱怨命运的不公，总是觉得自己比别人拥有得少，这种人便是不懂感恩。一个人不懂得感恩已有的，那么他很难获得更多的。因为再多的拥有都不能让他满足和幸福，这样，即使物质再丰富，他的思想永远是贫瘠的，他的幸福感也是低度的。

有一次，美国前总统罗斯福家里被盗了，丢了很多东西。他的一位朋友听说后，忙去信安慰他，劝他不必太在意。罗斯福很快给朋友回了信，信中写道："亲爱的朋友，感谢你来信安慰我，现在的我无恙。我不生气，反而很感激上帝：一是盗贼只偷走了我的东西，而没有伤害我的身体；二是贼只偷去我的部分东西，而不是全部；三是我最感庆幸的，做贼的是他，而不是我。"

相信很少有人有着罗斯福一样的度量，因为对任何人来说，失窃都是一件很不幸的事。可是，罗斯福却能在这个看似不幸的事情中，感受到值得庆幸的方面。正因为有着这样的博大胸襟，才会在宽恕和感恩中，让心灵免受创伤。所以，感恩别人，也是救赎自己。当心中总是充满爱和阳光，那么他一定是幸福的。

感恩是人生的大智慧。怀抱感恩之心，才会轻易而持久地获得幸福感。这对于人的一生来说，何尝不是一种处世哲学。让我们学会感恩，让幸福常驻心中。

（1）让感激成为习惯。

生活中，总是接受着别人大大小小的帮助。当别人帮助了我们，要真诚地说声"谢谢"。当感激成为一种习惯，你会发现自己是一个幸运的人，总有需要感恩的人。正因为如此，你的世界充满爱与恩赐，幸福也与你常相伴。

（2）为你拥有的一切感恩。

人生在世，身体健康，亲人平安，拥有学习和工作的机会，受人帮助或被人爱，都是你的福气。要懂得珍惜自己的每一份拥有，哪怕那是别人也有的稀松平常的东西，也应该因为上帝没有忘记你而感到幸运。当你为你的拥有感到满足的时候，你又何尝不是幸福的呢？

（3）不伤害别人，无偿地帮助别人。

不伤害别人也是一种感恩，是对生命的尊重和敬畏。生命因为你的守护而充满了感动，这样积极的阳光的心态，也会有意无意地感动你自己。同时，也要竭尽所能地帮助别人，因为帮助别人，就是对世界奉献了一份美好和真诚，也实现了你的人生价值。当人生的意义得到升华，幸福感也一定是满满的。

（4）感谢挫折，感谢磨难。

人的一生，总会遇到一些波折，不可能一帆风顺。但是，正是这些经历，磨砺了我们的心志，让我们变得勇敢和坚强。所以，不要抱怨那些让你跌倒的或者走了弯路的遭遇，你应该感激磨难，感激它让你成长。当你有良好的心态去面对命运的挑战，还有什么可怕的呢？

哈佛心理锦囊

怀抱感恩，你便是一个知恩图报的人；怀抱感恩，你便是一个雍容大度的人；怀抱感恩，你便是一个充满爱与关怀的人。这样的你，总是对别人、对生活，少一分挑剔，多一分包容；这样的你，聚集着满满的正能量，永远积极地生活。怀抱感恩之情的你，即使是卑微的，你那颗感恩的心，却永远是高贵的。因为这颗高贵的心，幸福总会眷顾你。

不要总羡慕别人，做好你自己

生活中，我们总是在羡慕别人，这似乎是人类的一种共性。羡慕别人的家境、羡慕别人的工作、羡慕别人的新房……羡慕是一种追求美好的表现，羡慕别人是因为我们都期待完美，希望可以活得像别人一样。可是，正如松下幸之助所说："我们不必羡慕他人的才能，也无须悲叹自己的平庸；各人都有他的个性魅力。最重要的，就是认识自己的个性，而加以发展。"

《哈佛教授与女儿的对话》中有这样一段对白：

女儿："如果有重新选择的机会，我宁愿做一只小鸟，每天自由自在地飞翔。"

教授："别人的生活就如远处的风景，愿望虽好，近看却未必完美。"（不要羡慕邻居的篱笆更绿，或许那里的荆棘多于青草。）

其实，每个人来到这个世界，都有他独立存在的价值，因为世上根本找不出完全相同的两个人。所以，不要只顾着羡慕别人，说不定你也是别人眼中所羡慕的对象。而过度地羡慕别人，反而会失去自己。正如有人所说，羡慕是个十字路口，向左是通往欣赏，向右则通往妒忌。适度的羡慕，会激发你的进取之心，而羡慕一旦过度，就会令你心性改变，迷失自我，这是极不可取的。与其羡慕别人的好运，不如学习别人努力的精神，让自己朝更好的方向提升，这才是充分发挥了适度羡慕的积极作用。

一天，一名弟子来请教庄子。

弟子问："老师，我最近遇到了一件苦恼的事。"

庄子问："是什么事情让你苦恼呢？"

弟子愁眉苦脸地说："我最近发现自己的记忆力太差了，因为我的同桌每天记住的知识比我多多了。我十分羡慕他，却不知道怎样才能提高自己的记忆力，变得像他那样。"

庄子听了，笑了笑，没有正面回答，而是给弟子讲了这么一个故事：

在远古时期,有一种动物叫独脚兽。有一天,它在路上碰见了多足虫,发现多足虫有许多的脚,便问:“多足虫先生,你看我天生只有一只脚,只要跳跃着行走就可以了,也能走得很快,可是你生了那么多只脚,数都数不清,难道你走起路来不麻烦吗?那得多不方便啊!?”

多足虫笑着回答它说:“你的理解是不对的。你看天上下的雨,有大有小,它们最后不都是一样地落在地上吗?所以,即使我生有一万只脚,只要我顺其自然而行走,并不会有什么不便啊。”

后来,多足虫遇到了蛇,它看到蛇没有脚却比自己走得还快,便疑惑地问道:“我有这么多只脚,你却连一只都没有,为什么反而比我走得还快呢?”

蛇笑着回答它说:“那是因为我生有强有力的腹部肌肉,它可以带动腹部的鳞片来行走,我天生就是这样的行动方式,哪里还需要脚呢?”

不久,蛇遇到了风。它看到风的行动比自己快多了,便不解地说:“多足虫有那么多只脚,却不如没有脚的我走得快。可是你和我一样,也没有脚,为什么却比我快那么多呢?你一声呼啸,就能从遥远的北海到这里,再呼啸一声,又可以到达南海。我真是不明白呢!”

风回答说:“是啊,我的确是飞速的。而且,折断大树这种事情也只有我风才能做到。可是,普通人只要用手指着我、用脚踢我就可以胜过我。所以,我虽然有自己的强项,可也有别人能够察觉到的弱点。就像你羡慕我的速度一样,我同样也羡慕你拥有的形体啊。”

故事讲完了,庄子对弟子说:“我们每个人都可以是独脚兽、多足虫、蛇或者风,都有自己的长处和不足。所以,何必苦恼,首先做好你自己吧!”

从此,弟子再也不为自己的记忆力不如别人而苦恼了,而是凭借自己的勤奋,成了一位博学的人。

临渊羡鱼，不如退而结网。与其花时间羡慕别人，不如把工夫用在完善自己身上。每个人所拥有的条件，都是他自己特有的，适合他，却未必同样适用于你。你要知道，你只看到了别人的风光，而他的努力，你永远看不到；你只看到了别人的成功，而他成功背后的心酸，你也看不到。倘若你肯付出努力，一样也能得到相应的回报。所以，不要总羡慕别人，想要过怎样的生活，就自己去创造。

那么，怎样才能做到不过度地羡慕他人呢？对此，毕业于哈佛大学的威廉姆斯总结出了以下几条经验：

（1）对别人的长处，持欣赏态度。

吸引我们的，往往是别人身上的闪光点，我们应该抱着欣赏的态度去对待它。过度的羡慕是嫉妒，而发自内心的欣赏，会让我们的内心得到美的感受，从而也不会产生负面的灰暗的情绪去亵渎它。这种欣赏，反而会激励我们通过自己的努力去获得美好。这是一种正面的影响力，促使我们完善自己。

（2）肯定自己，悦纳自己。

当我们被他人的闪光点吸引的同时，难免会自惭形秽，这是人的一个性格弱点。其实，这源于我们对自身的不了解和不肯定。我们的价值观和人生观的概念，也许不那么明确，所以很容易受别人影响。这就需要我们从自身入手，认识自己，客观地看待自己的优缺点，肯定自己的长处，悦纳自己。唯有如此，才会在别人的光环里不至于迷失自己，才会清楚自己的努力方向。

（3）为自己量身制订一个长远的规划。

一个没有明确目标的人，很容易被外界触动，从而不断改变自己的人生方向。当我们根据自身的实际情况，为自己制订了一个切实可行的、长远的规划，就会围绕着这个目标奋斗。当我们专注于自己的目标时，就没有精力也没有太多兴趣去关注别人，也会少了许多无谓的羡慕和惆怅。所以，为自己规划未来，很重要。

哈佛心理锦囊

很多时候，我们羡慕别人喝着各式各样的咖啡饮料，觉得很高雅很幸福，而自己却只能喝着白开水。其实，我们不知道，那些饮料都不如白开水解渴。所以，享受属于自己的淳朴的幸福，未尝不好！

理想不丰满，幸福便骨感

“如果一个人不知道自己要驶向哪个码头，那么任何风都不会是顺风。”严格地讲，理想属于目标哲学的范畴。一个没有目标的人，很容易把自己的人生过得乱七八糟，因为他没有前进的动力和方向，所以难以充实，难以有成就感和幸福感。

哈佛教授纳德说：“人类最可贵的财富是希望，希望减轻了我们的苦恼，为我们在享受当前的生活乐趣中描绘出未来人生的远景。”理想就是希望，理想就是那个召唤我们不断努力的目标。理想是最公平的，它不管你是贫穷还是富有，不管你是健康还是疾病，不管你是平民还是贵族，都给你同等的机会。

布罗迪是一位年老的英国教师，有一次，他在整理阁楼旧物的时候，无意中发现了一叠练习册，那是他曾任教的皮特金幼儿园 B 班 30 多位孩子的春季作文，题目是：未来我是________。

布罗迪原以为，这些东西早在德军空袭伦敦时就在学校里被炸飞了，没想到，它们竟安然地躺在自己家里，并且一躺就是50年。

于是，布罗迪顺手翻了几本，但他很快就被孩子们千奇百怪的自我设计给迷住了。

比如一个叫彼得的孩子说，未来的他将是个海军大臣，因为有一次，在海中游泳的他连喝了三升海水都没被淹死；

另外一个叫比尔的孩子说，将来自己必定是法国的总统，因为他对法国有天生的亲近感，能背出25个法国城市的名字，而与他同班的孩子最多只能背出7个；

但最令布罗迪称奇的，是一个叫戴维的小盲童，他认为将来的自己一定是英国的一个内阁大臣，因为在英国，还从来没有一个盲人能进入内阁……

总之30多个小朋友都极尽所想：有当驯狗师的，有当海员的，有当作家的……都是些五花八门的奇思妙想。

当布罗迪老师一本本地读着这些孩子的“理想设计”，突然有一种冲动，他想，何不把这些本子重新发到孩子们手中呢，不管今天的他们是怎样的，至少可以让他们重温一下50年前自己的理想。

后来，布罗迪的想法被当地一家报纸获悉，报社便免费为他发了一则启事，号召这些孩子来认领他们的“设计”。启事一出，没过几天，便有书信向布罗迪飞来，他们中有的是商人，有的是学者或政府官员，但更多的只是普普通通的人。不管他们的身份如何，他们都急切地想知道自己儿时的梦想，因此很高兴能得到那本作文本。而布罗迪也按照他们提供的地址一一把作文本寄给了他们。

可是过了整整一年，还有一本作文本无人索要。它的主人就是那个叫戴维的小孩子。布罗迪想，毕竟50年过去了，也许当年的这个孩子，已经不幸离开了人世。

就在布罗迪准备把这本作文本送给一家私人收藏馆时，他收到了一封来自内阁教育大臣布伦克特的信，布伦克特在信中说，他就是那个叫戴维的孩子。他说，感谢你还为我们保存着儿时的梦想，不过我现在已经不需要那个本子了，因为从我写下那个梦想开始，它就一直存在我的脑子里，我没有一天放弃过。50年后的今天，我很庆幸自己已经实现了这个梦想。所以，今天我还想通过这封信告诉我当年的同学：只要不丢弃你的梦想，成功总有一天会降临。

布伦克特的这封信后来被发表在英国《太阳报》上，因为作为第一位进入英国内阁的盲人大臣，他用自己的行动证明了一个真理：只要你不抛弃理想，理想也绝不抛弃你。

布伦克特可谓是追求和实现理想的践行者，他的故事深深地启迪我们：理想为你提供了改变命运的机会；理想为你提供了实现生命价值的动力；理想也是一条最能给你带来幸福感的途径。试想，当你出身卑微，当你穷困潦倒，当你仕途迷茫，当你处于人生低谷的时候，最能给你动力，让你奋发的，不正是理想吗？所以，假使现在的你还没有理想，还在人生的十字路口徘徊，请赶快设计自己的理想；假使你拥有理想，却尚未实现的话，请不要放弃，一定要坚持着去实现它；假使你已经实现了自己的理想，那么，在恭喜你的同时，也提醒你要好好珍惜理想给你的机会。

哈佛教授林赛认为，当我们估量要做什么时，我们只能许诺能做到。当在制定目标时，却要有高远的理想。有道是“志在高远”，为自己制定一个远大的理想，是你成功的第一步。

在我们制定理想，设立目标计划之前，我们一定要清楚，首先，理想是基于现实的基础之上，我们制定的目标，一定要是切实可行的。其次，实现目标的过程不可能是一帆风顺的，所以我们不能知难而退，要坚持不懈。这就如同我们在砌造自己的人生金字塔。那么现在，就让我们跟着哈佛的心理专家一起，来学会如何设立你的人生金字塔目标：

（1）第一层总体目标。

这包含你整个目标中要达到的若干具体目标。如果你能达到或接近这些目标，那么，你就是尽了全力实现自己定下的终极目标了。

（2）第二层长期目标。

为了实现你的总体目标，制定一个可行的长期目标是很重要的。因为没有长期目标，你就可能有短期的失败感。既然是长期目标，就需要较长的时间来完成它。至于时间的长短，要根据你总体目标的大小来科学制定。

（3）第三层中期目标。

中期目标是你为达到长期目标而定的目标，一般说来，实现这些目标的时间，比实现长期目标的时间要短，它是为你实现长期目标铺路的。

（4）第四层短期目标。

这些是你达到中期目标而定的目标。实现短期目标的时间稍短，它既为你的中期目标打下基础，也会在实现目标的过程中给你不断地带来成功的鼓励。

（5）第五层日常规划。

这是你为你达到每个层次目标而定的每日、每周和每月的计划和任务，这些任务得由你自己分配时间的方式而定。完成日常规划，是你完成总目标，实现理想的前提条件，但凡成功的人生，都是这样由低到高、由小到大、由平凡到伟大地层层组合、一步步实现的。

哈佛心理锦囊

如果没有理想，没有目标，你的幸福，无从谈起；如果只有理想，却不去实现，你也无法幸福；唯有拥有理想，并一步一步地努力去实现它，你的人生，才是圆满和幸福的。所以，不要疏于经营自己的理想，一旦理想瘦了，你的幸福也无法丰满。

LESSON 3

情绪需要用心去爱和关注
——与情绪相处的心理学

我们是由身体和心理两个部分组成的，但我们很偏心，我们会很好地了解身体的状况，却极少关注自己的内心，也许正因如此，我们内心的情绪才喜欢“发脾气”。聪明的人，注意到了情绪的力量，会采用正确的方法进行调节，让情绪回归到听话的位置；愚笨的人，则任由情绪的摆布，不要觉得情绪会心软，它只会变本加厉，把生活搅得一团乱。我们到底是任由情绪的发展，做情绪的仆人呢？还是观照自己的情绪，做情绪的主人呢？

掌控你的情绪，做正确的决定

人只要活着，总会带着某种情绪，喜怒哀乐是人人皆有的情绪体验。只是，正如尼采说的：“很多时候，我们看到的只是情绪而非事实。”情绪是很容易失控的，一旦你不能掌控好自己的情绪，就会把事实歪曲，从而影响自己的判断力和行为方式。

在哈佛大学教授、著名心理学家丹尼尔·戈尔曼看来，情绪的作用是巨大的，它甚至能决定未来。他认为，成功 =20% 的智商 + 80% 的情商。

吉姆讲述了他和导师艾比的故事：

吉姆念研究生的时候，他的导师艾比教授经常告诫学生说，不要一时冲动，否则将成为情绪的奴隶。在他念研究生二年级的那个圣诞节，艾比教授回赠给他一只咖啡杯，杯子上印着这样一句话：“发脾气是值得赞扬的，如果你能做到：在适当的场合，向正确的对象，在合适的时刻，使用恰当的方式，因为公正的理由而发脾气。”这是亚里士多德的一句名言。

毕业后的某一个雨天，吉姆再次回到学校去探望他所尊敬的艾比教授。不料正赶上一名研究生有急事要见艾比教授，于是吉姆只好坐在外面的客厅里等着他。当时，客厅和艾比教授的办公室只隔了薄薄的一道装饰墙，办公室里的对话清晰地传到了吉姆的耳朵里。只听那位同学激动地控诉着另一个实验室的某位同学，声称对方出言不逊，当众否定自己，奚落自己，让自己下不了台。他为此很懊恼，也很迷茫，不知道该不该找对方理论，或请对方的教授出来评理。所以，他特地来请教艾比教授。

这时，吉姆听见艾比教授用他那一贯性的平稳的声调说：“年轻人，很多时候，我们是无法理解别人的言行的，连他们自己，也未必理解自己。如果你真要我给你出个主意，那么我想给你一个小建议。批评和侮辱，跟泥土般的污点没什么两样。你看，这是早上过马路时，汽车溅到我大衣上的泥点。如果当时的我气急败坏地立即去擦拭，一定会搞得乌七八糟。所以我把大衣挂起来，专心做别的事，等泥巴晾干了再去擦掉它，这样就轻而易举了。你瞧瞧，轻轻掸几下就干净了，不是吗？”

吉姆听到此话，不禁为艾比教授的处世智慧所折服。而里面那位怒火冲天的同学，也在瞬间冷静下来，对艾比教授连连道谢。只听艾比教授又说：“我年轻的时候也不善于控制情绪，所以深受其害。时日渐长，我发现最好的办法就是把生气的烦恼先晾在一边，让它自己冷却。等自己冷静下来后，再去对付它们。我们都知道，当你生气的时候不要做任何决定。所以，同样，我也建议你等情绪的水分都蒸发掉以后，再来想这件事。到那时，如果你的气依旧不消，仍打算讨伐他，请再来找我。不过，我相信，当情绪的水分被晾干之后，你也许会发现那泥点不知何时已淡得找不到了！”

艾比教授处理情绪的方法，真是让我们受益匪浅。即使遇到再大的不公，受到再大的委屈，也不要在气头上做出任何过激的行为，因为那时的决定，都是情绪支配你做的，而不是理智。一个真正理智的人，会把自己一时的情绪压下来，或像艾比教授那样，先晾在一边，暂时地忘记它，等到自己的心态恢复平静的时候，再来处理。唯有如此，才不至于因冲动而做出错误的决定，才能避免做出让自己后悔的事情。

著名的专栏作家哈理斯就曾有过类似的经历。一次，他和朋友在报摊上买报纸，朋友很礼貌地对报摊老板说了声谢谢，但对方却面无表情，不发一语。“那家伙的态度可真是太差了！”当他们继续前行的时候，哈理斯说道。朋友回答说：“哦，他总是那样的。”“那你为什么还要对他如此客气？对这种不讲礼貌的人，我们没有必要如此。”哈理斯不解地问他。朋友却说：“哦不，我可不要让他来决定我的情绪。”

由此可见，一个心智成熟的人，总是掌握着自己情绪的钥匙，而不会把它交给别人。如此一来，他就能很好地调控自己的心态，从而做出正确的决定，更不会做出让自己失去理智的事情。所以，掌控好自己的情绪对每个人来说都是极其重要的。那么，如何才能做到这一点呢？我们可以尝试以下的方法：

（1）积极的暗示。

一个情绪稳定的人，一定是个充满自信的人。那么，如何培养自己的自信呢？每天早上起床以后，我们不妨对着镜子给自己一个美丽的微笑，同时告诉自己：“我很棒！”在日常交往中，也要避免刻意地与他人比较。毕竟，每个人都有自己的优缺点，我们只要做到取长补短即可。

（2）朋友的力量。

人的一生，不可以没有朋友。结交志趣相投的朋友，并真诚以待，就可以拥有真挚牢固的友情。此后，不管是喜悦还是忧伤，你都不再是孤立无援的一个人，会有朋友和你一起分享与分担。一个拥有温暖友情的人，永远不会走极端。

（3）兴趣的转移。

生活中，难免遇到情绪过激的情况。这种情况下，我们的心情也会随之沉到谷底，对任何事情都打不起精神。这时候，为了避免情绪激化，我们不妨重拾童年的乐事：绘画、练习喜欢的乐曲、自制小家具，甚至买一副拼图来拼也未尝不可。总之，当注意力转移到别的兴趣上之后，我们的情绪就会在无意识中慢慢缓解。

哈佛心理锦囊

情绪就是住在我们身体里的孩子，谁了解自己的孩子，谁就能因势利导，让他听话成才。只有当我们了解自己的情绪，才能充分合理地利用它们，才能操控和驾驭它们。反之，则只能无助地听任它们的摆布，成为情绪的奴隶。

转换情绪，走出抑郁

曾几何时，人们的口头禅又多了一个：“唉，我抑郁了。”虽然对大部分人而言，这只是一句调侃的话，但对另外一些人来说，却有着实质性的意义。

随着社会的发展，竞争的日趋激烈，抑郁症已经发展成为一种常见病。有关调查显示，在男性中，抑郁症患者的人数比女性高出一倍。而根据世界卫生组织、世界银行和哈佛大学的一项联合研究表明，抑郁症现已成为中国疾病负担的第二大疾病。在美国，因抑郁症造成的经济损失每年达 400 多亿美元。抑郁症已经严重影响到患者的工作和生活，给其家庭和社会带来了极为沉重的负担。更让人惊心的是，每年都有大约 15%的抑郁症患者死于自杀。那么，我们不得不问，抑郁症是怎么造成的呢？

从医学的角度来说，造成抑郁有三大因素，即遗传因素、生理因素和心理—社会因素。前两个因素比较客观，也相对少见。而第三个因素，正是造成当今大部分抑郁症患者患病的主要原因。心理—社会因素，通俗点来讲，就是心理疾病，而之所以心理会染上疾病，其根本原因就在于情绪的失控。

在哈姆小的时候，他家隔壁住着一位老太太。老太太有一只祖传三代的翡翠镯子，被她视若珍宝，每天擦了又看，看了又擦，总之是一刻也离不得身。可是有一天，老太太在擦拭镯子的时候，不小心把镯子掉在地上摔碎了。这下子，她心痛万分，茶饭不思，最后竟一病不起。就这样郁郁寡欢地过了不到半年，老太太便撒手人寰。据说在她最后咽气时，手里还紧握着那玉镯子的碎片。

显而易见的是，老太太最后因抑郁而死。一只在无意中被打碎的翡翠镯子，竟成了老太太的索命符，怎能不让人叹惋？如果老太太能以平和的心态来面对镯子这一“身外之物”，便不至于成为它的“陪葬品”。当我们被悲伤或者愤怒的情绪笼罩的时候，我们是否告诫过自己，冷静下来，想一想为它黯然神伤值不值得？在对癫狂症、胃肠疾病、高血压症、冠心病及乳腺癌等疾病的检测实验中发现，这些疾病都与人的情绪有着直接的关系，有的甚至完全是由强烈的情绪波动所引起的。而故事中老太太的死，就与她忧郁的情绪有关。

有一位非常有名气的心理学教师，有一天在给他的学生上课的时候，拿出了一只十分精致的咖啡杯。正当学生们对这个杯子的外形赞不绝口的时候，这位教师故意失手，把咖啡杯掉到地板上，摔成了碎片。一时间，学生们蒙了，继而对那破碎的咖啡杯表示出十二分的惋惜之情。这时，心理学教师指着咖啡杯的碎片对学生们说："虽然这只杯子被打碎的事实令我们感到惋惜，可是惋惜又有什么用呢？它也无法使咖啡杯再恢复原样。所以，无论你们今后的生活中发生了什么无可挽回的事，都请记住这只破碎的咖啡杯吧。"

无疑，这是一堂极其成功的心理素质教育课，这位心理学教师让学生们通过摔碎的咖啡杯，懂得了为人处世的道理：当人面对无法改变的失败和不幸的遭遇时，要学着接受它，适应它。其实，不管什么人，在遇到困难或不幸的时候，情绪都会受到影响，这时候，一定要学会控制好自己的情绪。当我们面对一些无法改变的不幸或无能为力的事时，不妨试一试这种方法：你可以仰起头来，对着天空无所顾忌地大喊："我是谁啊？我是不可能被打败的！"或者捡些石块扔进河里，边扔边对自己说："忘掉它吧，这一切都会过去的。"紧接着，你就要尝试着往大脑里补充新的东西，因为我们的头脑时刻都需要补充和替换，这种补充和替换就能使情绪"转换器"发生积极的作用。当然，最好的办法是让你自己投入充实的工作和学习中，以此来转换你的不良情绪；或者你也可以通过参加业余的兴趣爱好活动来转移自己的注意力，转换自己的情绪。如此一来，你会很快忘了那些消极的不良情绪，从而让心态转为平和。

那么，如何才能使情绪得到转换呢？我们可以从以下几个方面着手：

（1）警句调节法。

当我们的情绪有所波动的时候，可以选择在书桌上方、显眼的墙壁或床头等经常接触到的地方写上一些具有针对性的名言警句，以提醒自己适时地对过激情绪进行有效的调节。

（2）注意力转移法。

很多心理学家对抑郁症患者的建议是，在情绪爆发前对自我注意力进行转移，从而有效地调节情绪。当遇到苦闷的事情时，不妨把苦闷暂时搁浅在一旁，然后听听音乐、看看电视，或做些小手工，使消极的情绪进一步转移到积极情绪上，在无形中使负面情绪被进一步冲淡，直至忘却烦恼。

（3）意识调节法。

人的意识具有强大的自我调节和控制的作用。当我们的情绪发生变化的时候，应该在潜意识里意识到由此会引发什么后果，然后据此迅速地控制自己的情绪。理智的人总会在这一时刻让自己的消极情绪及时刹车，冷静下来。学会用意识调节法，便能以正确的想法来调整自我情绪，这是个人获得情绪控制能力的一个有效途径。

（4）移情法。

这里所说的移情法也就是换位思考。当我们的情绪受到别人的影响，产生过激想法的时候，要适时地进行心理上的换位思考。如此一来，我们就能从对方的角度来思考问题，化解自己的不良情绪，从而使自己的情绪发生转换。

哈佛心理锦囊

天有不测风云，人有旦夕祸福。没有人会有永远的好情绪，任何人在遇到失败、灾难等一些不愉快的事情的时候，情绪都会受到一定的影响。这时，你一定要操纵好自己的情绪转换器，随时调适自己的情绪，鼓励自己常常有个好情绪。如此一来，抑郁才不会找上你。

合理宣泄，给灰色情绪找一个出口

哈佛大学作为世界的一流学府，在外人看来，莘莘学子应该不存在太大的学习或就业压力，其实不然。如果你参观过哈佛大学的校园裸奔节，就会知道，他们也有压力，他们也需要减压，只不过，他们选择了一种开放的宣泄方式而已。

其实，生活中除了压力，还有那些时不时地不期而至的灰色情绪，会给我们带来困扰，影响我们的生活。那么，我们该如何面对并消除它们呢？对此，著名的心理学家弗洛伊德充分肯定了发泄对维护心理健康的价值。他认为，当人有情绪时，如果能通过自身的动作或活动，去合理地发泄积聚在体内的生理或心理能量，及时疏导不良情绪，就能重新达到生理和心理方面的平衡。

有一次，威尔士办事时经过一位朋友的家，便顺道去看望这位朋友。去到他家，才发现他正在顶楼对着空中飞来飞去的飞机怒吼着。这让威尔士惊奇极了，因为他从来没有看见过朋友这么生气的一面。平日里，这位朋友的性格很温和，待人友善，也从没有见他对人发过火，不管是与同事还是朋友，都相处得很融洽。

于是，威尔士好奇地问他怒吼的原因。

朋友笑着说："你瞧，我住的地方离机场多近啊！每当飞机起落时，我都会听到巨大的噪声。渐渐地，每当我心情不好或是受了委屈、遭遇失败和挫折，想要发脾气的时候，我就会跑上顶楼，在飞机飞过来的时候，对着它放声大吼。飞机一旦飞走，我的怨气、怒气也都一并被它带走了！"

回家的路上，威尔士终于想明白了，怪不得朋友的脾气那么好，原来他知道如何适时地宣泄自己的情绪。

威尔士的朋友不失为一个理智且睿智的人。当有了情绪，他不会一味压抑，也不会随时随地地爆发，而是适时地用理智的不伤及别人的方法来解决。因为他知道压抑或者迁怒于人都是不能解决问题的。事实正是如此。如果一个人的不良情绪积蓄过多而得不到适当的宣泄，就极容易造成其身心紧张。这种紧张情绪如果持续的时间过长，就可能造成身心疾病。因此，我们选择在恰当的时间，用合理的方式宣泄自己的情绪，是对自己“身”“心”最好的保护。

我们来看一组在生活中比较常见的镜头：盖尔今天在公司受了上司的批评，他感到非常委屈。下班后，他憋着一肚子的气回到家里，将压抑了一天的“火”都一股脑地冲着妻子安娜发泄了出来。凑巧这时儿子前来纠缠安娜，让她陪自己玩。安娜也因为丈夫对自己劈头盖脸的怒吼而生着闷气，正愁怨气没处发，便一股脑地在儿子身上发泄了。被妈妈无缘无故责骂的儿子觉得很委屈，便哭着跑回了自己的房间。这时，正好家中那只小狗摇着尾巴跑向儿子，孩子正因为莫名其妙受了妈妈的气而无处撒呢，便飞起一脚踢向小狗。顿时，小狗惨叫一声，夺门而逃……

这个故事中，盖尔把工作中的怨气发向无辜的妻子安娜，而安娜又把从丈夫那受的气无缘无故地发泄到儿子身上，儿子再把怨气发泄到小狗身上……灰色情绪就像接力棒一样，一个接一个传递下去。由此可见，当坏情绪没有得到合理的处置，便会形成恶性传递，使无辜的人也深受其苦。在生活和工作中，我们难免会被坏情绪找上门。如果总是把这些坏心情发泄到别人身上，自己非但不会因此而解脱，还会造成连锁反应，把整个气氛都搞砸了。

人有情绪本是很正常的事，有了情绪要发泄也无可厚非。要知道，火气、怨气在心里积压得越久，对身心的伤害就越大。有句话叫“积郁成疾”，说的就是火气致人得病。虽然如此，但我们也不能随时随地、无缘无故地对人宣泄自己的情绪，因为你会给别人带去伤害，从而影响别人的身心健康，自己冷静后也会后悔。这时候，最好的办法就是选择一种正确的无害的方式来发泄自己的情绪，人人都可以做到的，比如做运动、找朋友倾诉，或向那些没有生命的东西发泄。总之，发泄是为了心理的健康，选择正确的发泄方法也是为了自己和他人的心理健康。

以哈佛大学心理专家梅奥为首的研究小组，就曾对情绪宣泄进行了研究。他们对“霍桑效应”比较推崇。所谓“霍桑效应”就是“宣泄效应”。霍桑工厂是美国西部电器公司的一家分厂。为了提高工人的工作效率，该厂请来了包括心理学家在内的各种专家，花了大约两年的时间，让他们找了两万多名工人分别谈话，耐心听取工人们对工厂管理的意见和抱怨，让他们把自己对工作的情绪都尽情宣泄出来。结果证明，霍桑工厂的工作效率明显提高。这种奇妙的现象便被称为“霍桑效应”。这说明，合理的宣泄不但有利于身心健康，还能提高自己的办事效率，非常划算。

那么，我们应如何合理宣泄自己的情绪呢？下面的几个方法值得一试。

（1）付诸文字。

文字可以算是一种最温和的宣泄方式。不管你有多少怒气、怨气、悔恨、委屈，不管你的情绪有多坏，你都可以写出来，有的放矢，然后在享受诉说的快感中，让不情绪得到发泄。同时，你还会在写作的过程中收获一些心灵感悟，让自己的心变得沉静，从而也不会那么在意得失。所以，把坏情绪付诸文字的过程，也是你重新整理自己的过程，你会收获良多。

（2）纵情于山水。

纵情于山水可以算是最享受的一种宣泄方式。当你情绪不稳定的时候，做什么事都不会做好，因为无法静下心来。这时候，不妨暂时把手边的事情放一放，一个人或者约上几个好友，到一个比较僻静的有山有水的地方，在大自然的怀抱中忘记烦恼，让心灵沉静。等你整理好心情再回到闹市的时候，你的坏情绪已经在无形中被淡化或彻底消灭了。

（3）寄情于朋友。

寄情于朋友可以算是最幸福的一种发泄方式。人生如果没有朋友，该是多么乏味啊！所以，我们一定要拥有三五个知心朋友，这样一来，在彼此情绪不佳的时候，就可以互相倾诉互相安慰，这可是千金难买的精神财富。即使没有烦心的事需要诉说，也要不定期地和朋友小聚。唯有如此，你的心才不会寂寞，才不会被消极的情绪乘虚而入。

哈佛心理锦囊

心情需要诉说，情绪需要宣泄，任何负面思想的积压，都会造成身心的伤害。唯有给自己的灰色情绪找一个出口，才能防止思想的过度激化。而这个出口，就是你所能选择的最佳的宣泄方式。何谓“最佳”？就是既不要伤害自己，也不能伤害别人。

冲动是魔鬼，不要招惹它

有人说过，这个世界上大部分错误的决定都是人们在冲动之下做出的。也就是说，当人们冲动时，大多是处于不理智状态的。美国哈佛大学心理系教授丹尼尔·戈尔曼认为,EQ（情绪智商）中包含了抑制冲动、延迟满足的克制力等能力。言下之意就是说，一个不能抑制自己冲动情绪的人，其情绪智商是低下的。哈佛大学高曼教授在他所提出的《十八项重要的工作 EQ》中也明确列出：自我管理中，要做到能够克制冲动及矛盾情绪。由此可见，冲动是人们日常生活中的常见问题，也是重要问题。

一对新婚夫妇的生活并不好过，总是要靠亲友的接济才能度日。在他们结婚半年后，男人对妻子说："亲爱的，我想出去闯一下。我一定会努力工作，挣足够多的钱再回来。到那时，我就可以让你过上体面的生活了。不过，我不知道自己这一走，要多长时间才能回来。只希望你能耐心、忠诚地等我回来，因为我会对你永远忠诚。"

妻子答应了男人的请求，他们含泪告别。

在离开家一个多月后，男人在离家很远的一个庄园里找到了工作。他要老板答应自己一个条件："在这里工作的每一天，我都会尽心竭力。但是，到了我认为该要离开的时候，希望您能让我走。平时，我也不想支取报酬，请您将我的工资全部存在一个账户里就行了。到我离开的那天，您再一起给我吧！"庄园老板同意了他的请求，双方签了协议。

没想到，男人一干就是18年，中途也没有回过家，他想等钱攒够了再回去。

终于有一天，男人对老板说："我想回家了，请您把我的工资都给我吧！"老板说："好吧，我会按照我们的协议办事的。不过我有个建议，要么我给你钱，你走人；要么我送给你一条忠告，但不给你钱。你自己好好做决定吧。"

男人左思右想后，找到老板说："我决定要那条忠告。"

老板提醒男人说："你可想好了，如果给了你忠告，我就不会再给你钱了。"

男人坚持说："我还是想要那条忠告。"

于是老板给他一句话：不要在冲动的时候做任何决定，否则这个决定将会成为你一辈子的遗憾。

接着，老板又对男人说："这里有3个面包，两个给你路上吃，这个大的就等你回家后和妻子一起吃吧。"

于是男人带着急切的心情踏上了归途。为了早日见到自己日夜思念的妻子，他披星戴月地往家赶。原本要走20多天的路，他只花了半个月就走完了。

到家的时候，正是黄昏，男人远远望见自己的小房子，那里正炊烟袅袅。然后，他依稀看见了妻子的身影，此时她正坐在院子里，一个男子伏在她的膝头，她抚摸着他的头发。当看到这一幕时，男人顿时觉得怒火中烧，仇恨染红了他的眼睛。他恨不得跑上前去杀了他们。然后，他忽然想起了庄园主给自己的那条忠告，于是，他吸了口气，冷静地走进了院子。

当男人刚走到院门口，妻子就认出了他，并飞快地跑向他，顺势扑进他的怀里。男人的手抬起来，停在半空中。他紧紧地盯着院子里那个陌生的年轻男子，心里的怒火燃烧着，但他什么也没说。这时，妻子忽然想起什么似的，对着那个呆掉的男子叫道："亲爱的，还不过来拥抱一下你的父亲。"

男人惊呆了。然后，一家三口激动地抱在了一起。妻子继续忙着做饭，男人给儿子讲述自己的经历。接着，一家三口坐下来准备吃面包。当男人把那个最大的面包掰开，发现里面竟然是一大捆钱——他18年来的所有工资！

如果没有庄园主送出的那条忠告，男人恐怕会在盛怒之下杀了自己的妻子和孩子，而后又会在得知真相后追悔莫及，饮恨余生。所以说，冲动是魔鬼，冲动之下难有理智之举。在日常生活中，因为冲动而坏事的情况时有发生。有人往往逞一时的口舌之快，对朋友或师长出言不逊，给对方造成人身伤害；有人为了一时的虚荣之心，许下了难以兑现的承诺，结果自毁形象；有人在紧急关头六神无主，抱着听天由命的心态妄做选择，最后与自己的初衷背道而驰……孔子有言："凡事三思而后行。"也就是说，我们做任何事情，都不要意气用事，要在心平气和的时候冷静思考，要在权衡利弊后再做出决断。唯有如此，才可避免总是在悔恨中度日。

既然已经知道冲动是魔鬼，我们在日常生活中就要处处提防它、避开它。那么，怎样做才不致招惹上这个"魔鬼"呢？以下的几个方法或许对你有帮助。

（1）以沉默来对抗内心的冲动。

人在什么时候最容易引发冲动的情绪呢？研究发现，当我们受到某种不公平对待或者遭遇一些打击和失败的时候，最容易导致心态失衡，从而情绪失控，做出极端行为。也是在这种情况下，我们内心的冲动很轻易就会被引发。所以，这时候不如什么都不要说不要做，用沉默来对抗心中的冲动，在心里告诉自己：切忌轻举妄动，要从长计议。而保持沉默虽然会让你有“忍辱负重”之感，但是当你气头过了，突然觉得其实也没什么大不了的时候，你又会庆幸自己能够沉住气，否则后果不堪设想。

（2）进行有效的放松训练。

心理学家调查显示，失去自我控制而产生冲动情绪的情况，通常发生在紧张的心理状态中。所以，我们不妨做一些有效的放松训练，比如在你感到紧张或难以自控的情况下，可以适当地做些放松活动或按摩等来提高自控力。

（3）自我暗示和鼓励有奇效。

冲动的克星是什么呢？相信我们很容易得到答案——自制力。一个有自制力的人不是能让自己不冲动，而是在冲动来临时能克制冲动，让自己冷静下来。而自制力，通常表现在自我暗示和激励等意念控制上。那么，如何能做到意念控制呢？我们可以在从事紧张的活动之前，在心里反复默念一些树立信心、令人奋进的话，或用自己的座右铭来激励自己；在遇到困难或备受打击的情况下，我们又可以利用诸如“沉着、沉着”“冷静一点吧”之类的口头命令，以平衡自己的心理活动，获得精神力量。

（4）培养兴趣，颐养性情。

修身养性很重要。一个心态平和的人，最不容易产生冲动情绪，更不轻易冲动行事。所以，闲暇之余，我们不妨培养兴趣，颐养性情，把自己练成一个气质如兰的人。

哈佛心理锦囊

英国作家塞·杰克逊说："人最重要的价值在于克制自己的本能冲动。"冲动是人类活动中不可避免的一种情绪体验，但克制这种不良情绪也是人的一种行为能力。所以，当"本能"涌动，请用"能力"去制止它吧！只有这样，才会远离冲动的魔鬼。

停止焦虑，让痛苦绕行

当今世界是一个焦虑、抑郁横行的时代。焦虑来自哪里？它起源于浮躁，浮躁则来自人们畸形的价值观和强烈的成功欲望。心中在乎的东西太多，必然不能安眠。事实上，每个人的生活都或多或少被焦虑入侵过，即使用"全民焦虑"来形容这个时代，也不为过。

哈佛首位女校长德鲁·吉尔平·福斯特在2008届毕业典礼上的演讲中说："你焦虑，是因为你既想活得有意义，又想活得成功。"也就是说，焦虑的始作俑者就是人们的欲望。找到了症结，要克服焦虑就不难了。

丈夫被派驻到非洲沙漠的一个陆军基地，麦莉也一同前往陪驻。由于丈夫总是忙于公事，麦莉只好经常一个人留在基地的小铁房中。

沙漠中极其炎热的天气、与当地居民无法沟通交流、对家人朋友的思念……这一切令麦莉感到非常难过。她对这个一眼望不到头的沙漠越来越反感，并不断地给自己的父母写信，每封信中都在抱怨命运的不公：在其他女人正在大都市享受安逸生活的时候，自己却要孤独地待在这个无聊的鬼地方。再后来，她在信中坚决地告诉父母，自己再也受不了内心的煎熬了，准备抛弃一切回到本土。

这一次，她的父亲很快就给她回了信，信中只有这么一句话：两个不同的人从牢房的铁窗中望出去，一个看到了泥土，另一个却看到了星星；从此，前者抱怨命运的不公，后者却在感谢命运的眷顾。

当麦莉读着这封信的时候，她为自己的抱怨和焦虑而羞愧，她在心里对自己说，一定要平静心情，要在这大漠中找到属于自己的“星星”。

此后的半年时间中，麦莉开始尝试着主动与当地人交流。当地人也被麦莉的热情所感动，友好地回应着她。当他们发现麦莉对于他们的陶器、纺织品感兴趣时，便将那些连自己都不舍得卖给观光客的陶器与纺织品送给了麦莉。

就这样，初期的烦躁与焦虑远离了麦莉，她的生活变得丰富而有意义，她开始对那些让人着迷的仙人掌与各类沙漠植物进行研究，她甚至还会坐在沙丘上欣赏沙漠里的日出，她还对沙漠中的历史古迹进行研究。

麦莉在丈夫的驻军任务完成以后，又回到了美国。她将自己在沙漠中的发现与经历编写成书，并以《快乐之城》为书名进行了出版。在书中，她诚恳而笃定地告诫那些正处于不断焦虑状态的人：放下焦虑、停止抱怨，你就能看到那璀璨的星空。

焦虑的人不管处于什么大环境下，总是会看到消极的一面，而不会发掘那些藏匿着的快乐与希望。究其原因，正如故事中的麦莉一样，他们的焦虑都来自那些看起来会对自身产生威胁或不适的事物，以及对某种情况的过度预期。麦莉最初认为，沙漠中恶劣的天气和孤独的人际会让自己的生活变得很枯燥，因为在她来此之前，她想象中的生活一定不是这样的。所以，当她处于无法适应的环境中时，便产生了前所未有的焦虑感。

不管是从心理学还是医学上来看，焦虑都是影响人们生活质量的一个重要因素，它无疑会使你陷入一种消极甚至绝望的情绪体验中。这种情绪总会导致人的高度紧张，使你的精神过度敏感，从而严重阻碍你的思想和行为。过度的焦虑还会造成人头晕、胸闷和睡眠障碍等疾病，完全打乱了人的正常生活，使生命质量急剧下降。有关调查显示，在这个焦虑的时代，每个人都患有不同程度的焦虑症。所以，如何缓解焦虑就成了大众亟待解决的事情。

哈佛幸福课的讲师本·沙哈尔认为，当人长期处于焦虑的状态下，可以说他的情感已经“破产”。当不同个体的负面情绪不断增长，当焦虑与压力等消极问题不断增多时，社会就会走向幸福的“大萧条”，人们的幸福感骤降。因此，哈佛医学博士伊萨克·M．麦克斯在他的《解除焦虑》一书中为我们提供了以下几个能有效缓解焦虑的方法：

（1）积极地进行身体锻炼，为心理减压。

身体是革命的本钱，一旦健康受损，事业、功名、财富都将化为乌有。所以，保持身体的健康是人类享有一切的资本。要想保持健康，就必须积极地参加体育锻炼，合理而有秩序地安排每日的工作与生活。这样一来，不仅让自己的身体得到了锻炼，也能让自己的生活不那么混乱，从而使自我压力得到释放。

（2）寻找成就感。

焦虑往往来自对自己的过高预期。要想有效地化解焦虑，最好的办法就是寻找成就感。一旦拥有了成就感，我们的内心就会充满力量与富足感，焦虑也会被赶走。你在不断提升自我、为自己制订有效的自我提高计划，并按计划有序进行的过程中，也将同时获得知识与技能，当这一切被成功运用到现实生活中后，你的成就感就会油然而生。

（3）不要总和别人比，和自己比就好。

挫败感总是产生于比较中。当你凡事总与他人进行比较，便会陷入恶性比较中：总是拿自己的短处与别人的长处比。其实，每个人都有自身的特点和优势，都是按照自己的人生轨迹在生活。即使别人在某件事或某个领域取得了成功，我们也不应该羡慕和自卑，因为也许我们完全没有必要去做那件事。所以，只要把自己做好即可。今天的你和昨天比，明天的你又和今天比，只要做到和自己比，就会看到自身的不足，就会不断地修正和进步，如此一来，哪里有心思去焦虑呢？

（4）远离胡思乱想。

焦虑的人想法多，且生性敏感。别人无心的言语或表情，都会让他不断揣测，坐立不安，总觉得别人做什么，都是在针对自己。这样的人是没有办法静下心来做事情的，因为他的心思在无度的揣测和忧虑中，其实他活得很痛苦。事实上，别人没有那么关注你。你只要做好自己就好了，不必活在别人的思想里。

哈佛心理锦囊

一个内心强大的人活得纯粹而坦荡，他们不攀比，不虚荣，也不自傲与自卑。他们实事求是，脚踏实地地走好每一步，不会依靠无度猜测来度日，更不会为了别人的一个眼神而患得患失。这样的人会因为没有心理负担而活得轻松，因为不焦虑而活得快乐。

LESSON 4

别样信念，别样人生
——念力人生心理学

泰戈尔说，信念是鸟，它在黎明仍然黑暗之际，感觉到了光明，唱出了歌。是的，精神具备无限的潜力，这就是信念的力量。但在生活中，往往被人们忽视了。如果能在学习、工作和生活中，运用好自己的信念武器，便能在困境中依然勇往直前，不但生活如此，在健康上依然这样，相信自己能行，你就一定能行。哈佛的心理专家，有过很多次的实验，无论是对病人、对孩子，给对方一个信念，都得到了让人欣喜的结果。

强大的信念，是奇迹产生的蓝牙

足球名将斯塔尔说："一个人只要知道上哪儿去，全世界都会给他让路。"言下之意是，只要一个人有自己明确的目标，能坚持自己的信念，他一定会克服万难，到达成功的彼岸。信念是一种持久的伟大的念力，它能激发人的潜能，赶走人的惰性。相较那些没有信念的人，他们更有毅力，更有方向，更容易成功。

哈佛大学研究小组就曾经对"人生目标对人生的影响"做过跟踪调查。他们选择了在一群智力、年龄、学历、环境等方面都差不多的年轻人中进行调查，结果发现：3% 的人，有明确而长远的目标；10% 的人，有明确但比较短期的目标；60% 的人，目标不明确；27% 的人，根本没有目标。

过了 25 年后，哈佛研究小组再次对这群人进行了跟踪调查，结果显示：那 3% 的人，25 年来只朝着一个方向不懈努力，差不多都成了社会各界的成功人士，甚至有人还成了行业领袖、社会精英；那 10% 的人，他们的短期目标也不断地实现，大都成了其所在领域中的专业人士，生活在社会的中上层；那 60% 的人，他们过着安稳而平淡的生活，没有什么特别的成就，大都生活在社会的中下层；而那 27% 的没有目标的人，他们的生活并不稳定，更谈不上如意，大都生活在社会的下层，且整天怨天尤人。

事实上，被调查研究的这些人，他们的人生际遇，都是由他们当初的信念所决定的，其差别在25年前就有所昭示。那些知道自己的目标是什么的人，他们信念强大，所以最终过上自己想要的生活；而那些对自己的目标不清楚或不很清楚的人，他们始终无法得到自己信念的指引，所以在人生路上也只有走一步算一步了。

出生在美国康涅迪格州的埃里克，在很小的时候就不幸患上了一种奇怪的病——视网膜疾病，这是一种罕见的病，无法医治，所以他在13岁时完全失明了。

为了帮埃里克树立起信心，父亲每年夏天都会带着他去远足。渐渐地，埃里克爱上了这种户外运动，年龄稍大些的时候，他开始练习攀岩和登山。他对自己说，眼睛看不见有什么关系，我一定会登上最高的山峰。有了信念的支撑，埃里克越攀越高，他不断地用这种方式来寻找自己的光明。

几年以后，埃里克就已经在登山界小有名气了。后来，在“美国盲人基金会”资助下，他依靠着队友的帮助，用绳索和铃铛引路，最终成功地登上了北美洲的最高峰——麦金利峰。即便征服了这座高山，他依旧没有停下脚步，他的足迹遍及世界七大洲：非洲的乞力马扎罗峰、南美洲的阿空加瓜峰……一座座的世界高峰被他踩在了脚下。2001年，他还成功登上了珠穆朗玛峰顶。埃里克站在了世界之巅，他成了第102位征服七大洲最高峰的登山者，而且，他是这102位中唯一的盲人。

事实上，在埃里克第一次宣布要向高山进发时，身边嘲笑声一片。谁会相信一个盲人能够登上山顶呢？很多登山运动员也不愿加入他的队伍，因为在他们看来，这是不可能实现的任务，甚至算得上是对职业登山者的侮辱。还有人讥讽说：“连我这样的正常人都不会做出这么愚蠢的决定！”然而，凭着自己强大的信念，埃里克始终没有动摇自己征服高山的念头，而事实也证明，他能行，他创造了奇迹！

从埃里克的身上，我们感受到了信念的无穷强大的力量，这种力量不仅能让当事人干劲十足，坚持不懈，也让旁观者备受鼓舞。人的念力原本就是不可小觑的，极具爆发力。其实世界上没有不可能完成的事，只有不可能完成的想法。一旦我们对自己有了长远的清晰的打算，然后再为此努力奋进，就一定能走到目的地，甚至像埃里克那样创造奇迹也是很有可能的。信心，是一个人最大的资产，当你拥有了坚如磐石的信念，便可以取得常人难以想象的不可思议的成功。所以，为了创造属于自己的奇迹，赶快树立自己的信念吧！

（1）树立自信心，相信“我可以”。

自信心的树立是成功的基础和保证。当我们有了自信心，就不再会为一次小小的失败或打击而垂头丧气，我们会乐观地认为，只是发挥失常而已，然后再继续努力。当你能正确评价自己的实力，找准自己的位置，从心底里相信“我可以”，就不会再患得患失、妄自菲薄，然后一路向目标进发，离成功越来越近。

（2）改进方法，提高效率。

不管做任何事情，或多或少会遭遇失败，这时候我们不要丧失信心，而应该从自身的方法上找问题，多和他人交流沟通，取长补短，努力修正自己的不足，从而提高效率。一旦效率提高了，又将会给我们增添信心和成就感。这样循环往复，我们的自信心不断被树立，成功的信念也越来越强大。

（3）树立科学的心态，保持乐观。

不管是目标本身，还是在实现目标过程中所遇到的挫折，都会在无形中让我们产生巨大的压力。这个时候，就需要我们正确地对待压力。不要被压力吓倒，而要善待压力，通过一些科学的减压方式来缓解紧张情绪。所以，树立科学的心态很重要，而它的前提是，一定要保持乐观。因为只有乐观的人才会做出积极而正确的决定。

（4）注意生活与工作的节奏，保持良好的精神状态。

身体是革命的本钱，没有健康的身体，即使你的信念再强大，目标再远大，都是空谈。所以，为了保持健康的体魄，我们要合理调整自己的膳食结构，保证充足的营养，同时加强体育锻炼，控制生活与工作的节奏，使自己劳逸结合，提高效率。一旦做好了这样的心理调节，就能克服浮躁心态，走向成功的彼岸。

哈佛心理锦囊

有一首歌中唱道："……没有人能随随便便成功。"是啊，没有什么是无缘无故的，奇迹的产生也是如此。只有当一个人有了信念，有了前进的推动力，才能心无旁骛地朝着一个方向努力，才有可能取得成功。当然，光有信念是不够的，信念还需要实际行动和持之以恒。正如罗尔斯在就职演讲中所说的那样："信念值多少钱？信念是不值钱的，它有时甚至是一个善意的欺骗，然而你一旦坚持下去，它就会迅速增值。"

开发潜能，你便大有所为

人的潜能有多大呢？很多人恐怕自己也不知道。

哈佛大学的情绪控制课中提出这样一种"自我潜能"理论：每个人

身上都蕴藏着一种不同于他人的才能，这种特殊的才能就好比一个熟睡中的巨人，等待着人们去唤醒它，而这个巨人就是潜能。所以说，每个人的内部潜能都是相当大的。爱迪生也曾说过："如果我们做出所有我们能做的事情，我们毫无疑问地会使我们自己大吃一惊。"当一个人决心要做某事，甚至抱着不达目的不罢休的态度来做，那么，他的体内就会爆发出一种巨大的令人震惊的力量，来帮助他达成目的。这种力量就是潜能。潜能是一种不为人知的不可估量的智慧力量，这种力量可以把人的欲望转化成他的物质等同物，而且经常利用最实用的媒介物达到目的。所以说，上天对每个人都是公平的，他赐予了每个人无穷尽的潜能，以帮助我们获取自己想要的成功。当然，前提是你肯去开发自己的潜能。

美国人科瑞恩是一名已被医生确定为残疾的人，他靠轮椅代步已有12年。他曾经也有一个健康的身体，只因19岁那年，他赴越南打仗，被流弹打中了背部的下半截，后来被送回美国医治，虽然性命无碍，却再也不能行走了。

从一个能跑能跳的健康人沦为一个只能整天坐轮椅的残疾人，科瑞恩觉得此生已经完结，便总是借酒消愁。可是有一天，当他从酒店出来，像往常一样坐轮椅回家的时候，却碰上了三个劫徒，他们蛮横地抢他的钱包。出于本能，科瑞恩拼命地呐喊和反抗。没想到他的举动却触怒了劫徒，他们一怒之下竟放火烧他的轮椅，然后逃走。轮椅一着火，科瑞恩就慌了神，他此时已经忘记自己是个残疾人，站起来就跑，竟一口气跑完了一条街。

劫后余生的科瑞恩说："如果当时我不逃走，就一定会被烧伤，甚至会被烧死。可我还想活命啊，于是我忘了一切，一跃而起，拼命逃生。

当我跑完了一条街，我才发现，原来自己不但能走路，还能跑动。”时至今日，身体健康的他已经在洛杉矶找到一份工作，过上了和常人一样的生活。

丹佛城有一位28岁的美丽姑娘，因为童年时遭受打击“哑”了20多年，看了很多医生也无济于事。可是现在她已经28岁了，到了婚嫁的年龄，却一直没有嫁出去。有一天，媒婆领着一个大她20多岁却家庭富足的丑老头来相亲，见面之后，姑娘的父亲私自做主，答应了这门亲事。这下把姑娘急坏了，因为她压根就看不上这个男人，于是，情急之下，她竟讲出了20多年来的第一句话：“我宁死也不会嫁给他！”

这事看起来很奇怪，实际上也不奇怪，因为在中国古代，也发生过这样的事。据《医部全录》载，明朝年间，有个富家千金得了一种怪病，就是在一次打哈欠后，两只胳膊再也放不下来了，即便是那些名医也对此毫无办法。后来，这家人请来一位小有名气的江湖郎中到家诊治。这位郎中看了看，就当着姑娘说，要想治好病就得用艾灸肚脐下的丹田穴，说着，他就动手去解姑娘的裤带。顿时，这位待字闺中的姑娘羞得是无地自容，急忙用手护住自己的裤腰。这时候，奇迹出现了，姑娘的两只胳膊竟很随意地就放下来了。

上面的三个小故事，听起来让人很不可思议，甚至怀疑只是偶然事件。但是，在这偶然中，其实也孕育着必然。经专家研究证明，由于各种复杂因素，人的大脑机能存在着一种抑制现象，使得人们很难意识到自己具有某些方面的强大能力。只有在一些意想不到的强刺激条件下，这种抑制才会被解除，从而激发蕴藏在人体内的潜能，使其瞬间爆发出来，产生一种强大的神奇的力量。更有科学家指出，人的能力最多只有10%被开发出来，而剩下的90%都处于休眠状态。所以，如果我们能够寻找到有效的方法来挖掘自己那90%的潜能，那么，我们一定会大有所为。

那么，怎样才能挖掘并释放自己的潜能呢？我们不妨学着做一下下面的几个练习：

（1）在行动中纠正你的行为。

这种提法看起来有点荒谬，意思是在行动前不要过度筹划和思虑，不要瞻前顾后。这会不会被大家曲解为鲁莽行事呢？有可能。其实，这里要强调的，是不要太顾虑后果而不行动，要学会在行动的过程中纠正自己的行为，因为它符合机制开动的原则。一枚鱼雷不会事先“考虑好”它的方向是否错误，也不试图在出发前来纠正错误，它必须首先行动——朝目标发动，然后才对它行进过程中可能产生的一切偏差进行纠正。

（2）停止批评自己。

那些潜能受到压抑的人经常沉溺于自我批评中，不管做了多么小的举动，他都会在事后怀疑自己的行为是否正确。心理学家劝诫每一位受压抑的人，不要再这么折磨自己了。虽然自我反省和自我批评是值得提倡的，但也要适可而止。如果经常性地反反复复地分析自己的行为，那么无疑是对自己的不信任，长久下来，只会导致你行动的失败。所以，善待自己，停止持续性的批评自己吧。

（3）养成大声说话的习惯。

研究表明，潜能受压抑的人说话时声音明显细小，这种表现则体现出他的自信心不足。所以，要想尽可能地激发你的潜能，则要尽量提高你的音量，不过不能太过，不能大声地喊叫，只要有意识地提高点音量就行。大声说话本身就是解除压抑的有效方法，它可以调动起全身 15% 的力量，使人能比在压抑状态下举起更重的重量。对此，科学家的解释是，大声说话能调动身体的全部潜能，包括那些受到阻碍和压抑的潜能。

（4）不要过度隐藏情绪。

潜能受压抑的人，其个性胆小，既害怕表现坏的情绪，也害怕表现好的情绪。如果他想示爱，就担心对方说他是自作多情；如果他想关怀朋友，又怕被别人怀疑是别有用心；如果他想称赞别人，又怕人家私下里议论他是拍马屁。其实，有这些想法是完全不必要的，你做你的，认为值得就行，至于别人怎么想，那不是你应该担心的事情。你只要表达自己的情绪就好了，因为只有这样才能消除压抑。所以，你对别人是怎样的看法，要让别人知道才好。

哈佛心理锦囊

世界是属于每一个人的，每个人生来就处在公平竞争之中。只要你肯拂去身上的浮灰，让自己发挥出无限的潜能，就一定会有所作为，而且大有作为。所以，要想成功，就先开发自己休眠已久的潜能吧，一旦你抱着积极的心态去开发它，就会有用不完的能量，而你的能力也会越用越强。

往好处想，凡事没有想象中那么坏

生活中不乏这样的人：他们在决定做任何一件事之前，都会预设种种困难，把结果想得很不乐观，似乎他们将要做的事情一定不会成功，而失败才是正常的。正因为有了这种“心理准备”，他们才会在做事的过程中因为看不到希望而显得力不从心，然后最终的结果是真正地失败了。由此可见，凡事往坏处想，只会阻碍成功。

凡事往坏处想，是一种悲观心理。悲观人的特质是，在潜意识中，总是消极的情绪占上风，总会把事情想得很糟糕，喜欢唉声叹气，喜欢怨天尤人。这是一种对人的身心有着严重危害的心态，它最大的坏处就是，看轻自己，对自己不信任，承受力极差。这样的人，很难在社会上立足，更谈不上取得大的成就了，最要命的是，悲观还会导致人的身心不健康。

对于那些悲观者来说，他们过得很紧张很压抑，总是在无形中给自己徒增无益的心理负担，从而导致身体机能紊乱，造成身体上的伤害。但这些情绪不但不能解决问题，还会使问题长久地存在。既然在没有到达目的地之前，一切都是未知，那么何不乐观一点，把事情往好处想呢？事实上，凡事真没有想象中那么坏。

有一个天生乐天派的人被大水困住，只好爬上屋顶。

这时，他的一个邻居漂过来对他说：“杰克，这次大水可真是太可怕了，真烦人啊。”

“嗨，它哪有那么坏呢？”杰克回答说。

“啊？难道你不认为这一切糟透了吗？你的鸡舍已经被大水冲走

了！”邻居对他的不以为然感到很吃惊，便反驳道。

“我知道，我当然知道。可是你看，我六个月之前养的鸭子在附近游泳呢，这场大水让它们多么享受啊！”他笑着说。

“可是杰克，你别忘了，这次大水还损害了你的农作物。”邻居不服气地说。

“事实不是那样的。就在上个星期，有人忘了告诉我，我的土地需要更多的水，所以我的农作物因为缺水而损坏了。不过现在好了，一场大水把这一切都解决了。”杰克庆幸地说。

“好吧，就算是那样吧。可是现在你不得不担心你的房子了，你看，大水还在上涨，就要涨到你的窗户上了。”这位悲观的邻居不罢休地继续控诉着大水的罪状。

“哈哈，这正合我意呢，因为我的这些窗户实在太脏了，我之前还准备亲自冲洗一下呢。”杰克开心地说道。

……

悲观者似乎永远都会有悲观的理由，一点点小小的瑕疵，都会被他们无限放大，最后成为一堵隔断成功的墙。他们这样一味悲观，除了让自己心浮气躁，不能全身心地投入工作和生活以外，便什么都做不了，什么也改变不了。自然地，他们还会长久地抑郁下去，生活也暗淡无光。而那些乐观者呢，永远都能看到希望的那一角，即使是一点希望的微光，也能照亮他们的天空，使他们的世界阳光灿烂。所以，我们要学会往好处想，往积极的方面想，用一句比较唯心的话来说，就是你想什么来什么。你想那是光明，它就会真的把你照亮。

在哈佛大学的幸福课上，讲师们一直在努力将这样的理念灌输给学生：积极地对待生活，你才有可能获得幸福。所以，让我们都来学着养成乐观而积极的人生态度吧！不妨从以下方面着手进行：

（1）学会人际交往。

良好的人际关系，本身就是一个令人保持乐观、开朗的过程，对于那些性格孤僻、不乐于与他人进行交往的人，这是很重要的训练课程。悲观的人之所以不快乐，是因为他们缺乏与人沟通的能力，所以无法理解他人，更不能对他人产生信任。所以他们缺乏友谊，过得很压抑，烦恼与痛苦无人诉说，从而导致了无法快乐的局面。

（2）多参加一些有益的活动。

整天宅在家里的人，很容易陷入消极的情绪中。多去参加一些聚会、沙龙或庆祝会等活动，会让你感受到人群的热闹，更能让你结交到很多朋友。通过这些活动，不仅能使你的个人情操得到陶冶，还能将你的烦恼暂时地忘却，因为它可以转移你的注意力。

（3）宽容待人，关爱他人。

宽容待人，关爱他人的人，一般都有一颗包容的仁慈的心。这样的人充满了正能量，所以不容易被悲观找上。爱的作用是相互的，当我们学会在生活中宽容待人，积极主动地帮助他人，那么我们不但自己能体会到快乐，还会让他人感动，从而真诚地对待我们。这样一来，我们的环境就会是充满温情与和谐，在这样的环境里，我们自然会有好心情、好心态。

（4）懂得正确进行心理防御。

当你烦恼的时候，不妨想一些高兴的事情，这是移情作用；当你物质匮乏时，不如选择内心的丰富，这是补偿作用；让你懂得进行积极的心理防御，就不会拿自己的短处与他人的长处相比，这样一来，你才能体会到生活中的美好所在。

哈佛心理锦囊

人生在世，难免有这样那样的不如意，但这也会过去。遇到麻烦的事，不要一味逃避或是自责，甚至牢骚满腹，这只会让你陷入悲观和绝望中无法解脱。智者说："生性乐观的人，懂得在逆境中找到光明；生性悲观的人，却常因愚蠢的叹气，而把光明吹熄了。当你懂得生活的乐趣，就能享受生命带来的喜悦。"所以，凡事往好处想吧，想什么来什么，结果不会太坏。

轻言放弃，是最懦弱的行为

相关研究发现，能够到达金字塔塔顶的动物只有两种，一种是苍鹰，另一种是蜗牛。相信很多人都会对这个答案产生异议，苍鹰能飞上塔顶还可以理解，因为它有着顽强的飞行力，但是蜗牛又是凭什么到达那里的呢？它不但没有翅膀，连身体都那么弱小，哪里来的能量支撑它爬到那么高的地方呢？事实上，蜗牛能够爬上金字塔顶的最重要原因就在于它的坚持。别看它那么孱小，骨子里却充满了坚持的力量，它是那种只要认准了方向就会锲而不舍地一直向前爬的动物，不到终点绝不轻言放弃。哈佛校长德鲁·福斯特就经常用"蜗牛精神"来教导自己的学生：如果想要在众多竞争者中脱颖而出的话，就应该像蜗牛那样，一步一步，脚踏实地，坚持不懈地走向成功的巅峰。

康斯坦斯的人生就是不轻言放弃的最好佐证。

康斯坦斯出生在一个贫困家庭，在他念高中的时候，父亲就在一次意外中丧生，他的母亲身体有病，不能出去工作，所以家里再也没有能力供他继续上学了。于是，康斯坦斯毫无怨言地辍学回家，帮助母亲挑起了家庭的重担。不光如此，他还要负担弟妹们的上学费用。

康斯坦斯辍学的时候，年仅18岁，想要挣钱又苦于找不到门路。后来，他便想着利用门前的一块平整的土地来种菜。这样家里就不用再花钱买菜，可以减少开销，更重要的是，那些吃不完的菜，还可以拿到集市上去卖，赚点零花钱以补贴家用。有了这样的想法后，康斯坦斯便着手干起来，他把地翻好以后，便买来蔬菜种子播撒到地里。可是，因为没钱买肥料，他只好光给蔬菜浇水。结果，蔬菜不但没收获，最后连买蔬菜种子的钱都赔掉了。这件事以后，康斯坦斯成了当地的一个笑柄，大家都认为他又穷又蠢。

康斯坦斯没有理会别人的眼光，又琢磨着挣钱的事了。有一次，他听人说养鸭子挺能挣钱的，不但鸭肉值钱，鸭毛更是价格不菲。于是，他向银行贷了1000美元作为本钱，在家里养起了鸭子。鸭子倒是长得不错，可就在鸭子长大到快能卖钱的时候，却染了瘟疫，几天工夫，那些鸭子全死掉了。1000美元对别人来说可能只是个小数目，可是对康斯坦斯这个一贫如洗的家来说，无疑是一笔巨额数款。在这次的打击中，康斯坦斯的母亲也因忧愤过度而去世了。

从那以后，康斯坦斯从事过多种体力活：在建筑队做过搬砖工，打过铁，在煤矿挖过煤……可是都没怎么赚到钱。

转眼康斯坦斯都快40岁了，连老婆也没有讨到，毕竟谁会嫁给一个穷光蛋呢？连那些和他一样贫困或带着孩子的寡妇都看不上他。康斯坦斯照样过自己的生活，不在乎流言和别人的白眼。他只想好好挣钱，改变自己的人生。

虽然之前创业都遭遇了失败，可是康斯坦斯仍旧不想放弃他的创业梦，他决定继续拼搏。于是他走遍了亲戚朋友的家，好不容易凑足了钱买了一辆二手卡车，专门给石料厂跑运输。可是，康斯坦斯这次依然不走运。就在他工作未满两个月的时候，一天晚上，由于天黑路滑，他把车开到了山沟里，所幸山沟不算深，他只摔断了一条腿和一只胳膊。但是，他那辆二手卡车可不像他那么走运了，这台老家伙被救援队拖出来后已经面目全毁，只好作废。最后，康斯坦斯只好把它当作废铁卖掉。

经历了这一次以后，大家都宣判了康斯坦斯的“死刑”，没人相信他的人生还能有出头之日。

可是，康斯坦斯还是没有泄气，他仍不愿放弃自己的创业梦，依然想方设法地寻找出路……十年后，经过一番摸爬滚打的他成了一家公司的老总，他名下的资产就有三亿美元之多。当许多人对他苦难的经历和富有传奇色彩的创业路津津乐道之时，媒体也争相来采访他。

有一位记者问他：“康斯坦斯先生，您花了几十年的时间才有了今天的成就。我想知道，在那些艰难的岁月中，是什么力量支撑着您一直走下去呢？”

功成名就的康斯坦斯淡然地说：“在读书的时候，曾有老师说过，哈佛大学有这样一句名言：‘谁也不能随随便便成功，成功来自彻底的自我管理和个人毅力。’从此，这句话就成了我的座右铭。每当我遭受挫折的时候，我都会想起这句话。所以，不管多么艰难，我都不会对自己的梦想轻言放弃。”

要放弃一样东西或某个目标，似乎能找出千百个理由，但是这样的人，往往是十分懦弱的。因为他们不能承受苦难和挫折，也不能承担付出的风险。他们的轻言放弃，只是一种变相的投降。心理学研究者认为，坚持不懈是对坚定信念的执着追求，同时也是一种宝贵的自信心。而康斯坦斯的成功，正说明了这一点。

所以，不管我们有着怎样曲折的奋斗过程，都不能轻易放弃自己的梦想。要知道，这个世界上正在遭受苦难的人有成千上万，但是他们中的很多人却从来不向命运低头，从来都是坚定地向着自己的目标进发。与那些懦弱的人相比，他们的人格魅力令人叹服。相信大家都愿意成为这样的人，所以，让我们来学习一下如何成为一个坚持的人吧！

（1）制订一个切实可行的计划。

坚持的前提是要有目标，它也是你坚持不懈的动力。而这个目标的实现，必须要制订出一个切实可行的计划来执行，这就是坚持不懈的内容。有一个科学的计划，才能有条不紊地按照规划来进行，否则事情搞得一团糟，让你生出退却的想法。

（2）要培养自己的坚持意识。

有了计划，就要有坚持的毅力和恒心，而这一切，都受你的意识控制和支配。只有当你拥有较强的坚持意识，才能抵御中途的倦怠、懒惰和焦虑，才能时刻提醒自己，要保持高度的责任感和持续的激情。如此一来，你才会依靠自己的意志力坚持到底。

（3）循序渐进。

要对自己的目标有信心和耐心，不要急于求成，要按照自己的计划和事情的发展速度来跟进。循序渐进是一种方法，也是一种态度，那些心急的人永远做不好事情，因为浮躁是坚持的大忌。

哈佛心理锦囊

谁的人生都不是一帆风顺的，谁的成功都不是唾手可得的，谁的奋斗都是艰苦的。但只要能坚持自己的梦想，不轻言放弃，谁都有成功的权利。那些半途而废的人，永远看不到最后的最美的风景。

专注是一种品质，专注的力量不可小觑

在小学阶段，我们就懂得了做事情不能三心二意的道理。可是，直到我们成年，能真正按照这个道理去做的，相信也没有几人。有人会说，我需要在安静的环境里才能专注；有人会说，我需要在没有诱惑的时候才能专注；还有人会说，我需要在监督下才能专注……乍看之下，都有道理，可是，如果专注真的需要这么多局限，那么还有几个人可以成功呢？

我们所说的专注，可不是一种天赋，而是人的一种能力，一种品质。如果你恰巧有，那么鼓励你要继续保持；如果你不幸没有，那么劝告你好好培养自己的专注力，因为专注对你的成功起着决定性的作用。

专注是一种力量，甚至能对抗智慧。积极心理学的奠基人之一、哈佛大学的心理学教授兰格就在他的作品《专注力》中说："没错，专注也是力量。"

弗里达是一位成功的演说家和作家，他在闲暇之余喜欢观察鸟类。

不久前，弗里达在郊区买了一幢新房子，附近树木葱茏，鸟语花香。入住后的第二天上午，他就在后院装了一个喂鸟器，放进去了很多食物。可就在当天傍晚，一群松鼠跑来弄倒了喂鸟器，并把里面的食物全部吃

掉，还把小鸟吓得四处逃散。在接下来的几个星期里，弗里达绞尽脑汁想出各种方法阻止松鼠靠近喂鸟器，就差没有使用暴力了。可是一切都是徒劳，松鼠们照样光顾，搞破坏。

无计可施的弗里达只好找到了当地的一家五金店，他准备买一个防松鼠的工具。终于，他在那儿找到了一种奇特的喂鸟器，这种名叫“防松鼠喂鸟器”的喂鸟器带有铁丝网，看起来挺让人放心的。弗里达想，这下子可保万无一失了。于是，他把喂鸟器买回家安装在后院里。但就在当天傍晚，那些松鼠依旧胆大包天地光顾了“防松鼠喂鸟器”，并把鸟儿们吓跑了。

这一次可把弗里达气坏了，他拆下喂鸟器，把它拿回五金店，气愤地要求老板退货。不料，五金店的老板却心平气和地说：“先生，您别着急，我一定会给您退货的。不过，您得明白：这个世界上不可能有真正的‘防松鼠喂鸟器’。”这次轮到弗里达吃惊了，他忙问：“你是想告诉我，我们可以把人类送上太空，可以在几秒之内把信息传送到地球的每一个角落，但是，我们最尖端的科学家和工程师，居然都设计和制造不出一个真正有用的喂鸟器，可以把这种脑袋只有豌豆大的啮齿类小动物阻挡在外？你不会真的想告诉我这个吧？这可真可笑。”

“是的，”老板依然平静地说，“不过可没花你那么长的时间。”弗里达就更加好奇了，硬要老板再说得明白些。

五金店老板接着说：“先生，解释可以，不过您得先回答我两个问题。第一，您平均每天花多少时间让松鼠远离您的喂鸟器？”弗里达想了想，答道：“我没仔细算过，估计也就10到15分钟吧。”

“恩，和我想的一样，”五金店老板说，“现在，请您告诉我，您猜那些松鼠每天花多少时间来试图闯入您的喂鸟器呢？”

弗里达恍然大悟：在松鼠醒着的每分每秒。

后来，弗里达对松鼠产生了极大的兴趣，他甚至特意对松鼠进行了一番调查研究。结果，他发现，原来松鼠在它们不睡觉的98%的时间里，都在寻找食物。所以说，在它们那强大的专注力下，哪怕是人类卓越的智慧和强大的体魄，都不能与之抗衡。

我们不得不对松鼠的专注力感到赞叹。那么小的动物，其专注力竟然能对抗人类的聪明才智，不得不引人深思啊！尼采也曾说过："具有专注力的人可免于一切窘困！"当人们能专注于某一件事时，他的潜能是被开发出来的，他的爆发力也是惊人的，所以这样的人比起那些三心二意的人，更容易获得成功。爱迪生专注于灯丝的研究和实验，最终为人类带来了光明；盖茨专注于软件的开发，最终打造了微软帝国，带来了真正的计算机革命；居里夫人日复一日地专注于从小山似的矿石中提炼放射性元素，最终获得了成功，并得到世人的肯定和爱戴；陈景润专注于数论，最终登上了数学的高峰……这些事例再次证明，专注的力量不容小觑。

既然专注力有着如此神奇的力量，那么，我们一定要练就这样一种能力，为我们事业的发展和生活的提高添加巨大的能量。所谓专注，就是在做选择取舍的基础上，做减法的过程。要做到专注，就必须在日常的工作和学习生活中，在看、听、说、想、做等方面多下功夫。下面，就让我们来接受专注力的训练吧！

（1）多看。

所谓多看，就是多观摩别人的做法，特别是我们的竞争对手。当然，多看只局限于起步阶段的练习。真正把这个环节练好了，就要从多看发展到少看，从少看进步到不看，最后做到眼中无物，心中是世界的最高境界。

（2）多听。

所谓多听，也仅限于自己所关注的领域与范围，即对那些与自己有关的要多听，直至深入本质，而与自己无关的则应做到充耳不闻。只有这样，才能在潜意识里自动筛选有用的信息，才会达到事半功倍的效果。

（3）多说。

所谓多说，指的是在成熟的基础上，只说与自己相关的事情，而且见人就讲，但要直入要害。所谓“三句话不离本行”，说的就是集中精力传播自己的主要信息，让自己成为谈话双方或多方的焦点，但切忌信口开河，夸大其词，无中生有。

（4）多想。

所谓多想，就是随时随地地对自己所处环境或领域里的事情进行思考和分析，同时通过思考转化为自己的能量，从逻辑性、清晰度、简要程度等各个方面进行不断优化的过程，更是为自己的一蹴而就积聚力量的重要步骤。

（5）多做。

所谓多做，指的是做连贯的事。即在某一个时间点或时间段，只做当下最重要的事情，而且是反复做，反复练习。当你把每件事都做成珍珠，最后才能连成美丽的珍珠项链。

哈佛心理锦囊

专注是一种静态的等待，也是一种蓄势待发的能量储备；专注是一种优势，也是一种品质。当你把专注视为一种修行，把专注当作一种境界，把专注发展为一种影响力，那么，它就会转化成无与伦比的巨大力量，让你与所有的干扰和障碍抗衡，从而取得决定性的胜利。

积极的心理暗示，引导正确的潜意识

不管你相不相信，每个人的身体里都住着潜意识。我们的潜意识，并不是出生时才带来的，而是在母体中就已经具备。当我们还在母亲温暖的子宫里时，就会受到来自母亲的行为、思想的影响，并在这潜移默化的10个月里，逐步形成我们自己的性格，这就是所谓的胎教。心理学家认为，潜意识并没有判断或选择的能力，但潜意识是可以被引导和被建立的，只要我们控制好自己的意识，不要接触负面的意念，或者在接触后立即清除掉，就会让那些消极的意念通通消失，从而确保积极的意念向阳而生。

事实上，我们引导潜意识向积极方面发展时，其实就是给自己一种积极的心理暗示。通俗地来说，心理暗示就是通过一些潜意识可以理解、接受的各种语言和行为方式，帮助自我意识达成心愿或者直接启动个人行为，使个人的潜能得到开发，令潜意识中的力量得到调动。日常生活中，良好的心理暗示会给我们带来极大的改变，当然，这种改变是向善的。

在哈佛大学的心理课上，曾经发生过这样一个小故事：教授向同学们介绍了一位素未谋面的“克莱门特博士”，并告诉大家说：“克莱门特博士是一位举世闻名的化学家，今天他来到这里，是为了做一个实验。”

然后，只见克莱门特博士从自己的皮包中拿出了一个小小的玻璃瓶，瓶子里装着不明液体。接下来，他告诉学生们说：“这是我目前正在进行研究的一种物质，它有着极为强大的挥发性，当我拔出瓶塞，它就会立刻挥发出来。不过，它对人体并没有什么危害，只会产生一些气味。

所以，在我打开瓶子以后，请那些闻到了气味的同学举手示意一下。”

话语刚落，克莱门特博士便拔出了瓶塞，并立刻拿出一个秒表。几秒工夫，只见教室里所有的学生都举起了手。

这时，站在一旁的教授开口了：“好了，请大家把手放下，我们的实验也结束了。不过，我很遗憾地告诉大家，克莱门特先生并非一名博士，而是我们学校分院的一位老师，而大家看到的这个瓶子里，装的也只是普通的蒸馏水罢了。”

同学们听完教授的话，个个面面相觑：在刚才的实验中，他们确实闻到了一种气味，这究竟是怎么回事呢？

教授便又开口为学生们释疑：“这就是我们在今天这堂课所要学习的东西：我们总会不断地接受来自身边人的暗示，并相信了他们的话。正如刚才这位老师暗示你们，瓶子里装了一种有气味的化学物质时，你们也都深信不疑，然后也闻到了那种‘特殊物质的气味’。”

从这个例子中，我们可以看出，心理暗示能够引导潜意识。一旦我们接受了某种暗示，便会在潜意识里向着暗示的方面去想，然后验证到它“确实是那样的”。实际上，事实并非如此，可是我们似乎又真的有此体验，这就说明，暗示的作用甚至超越了我们自身的真实体会，可见其作用是惊人的。不信你可以观察身边的细节：当你周围有人在不停地打哈欠时，你即使不困，也会不由自主地跟着打起哈欠来；当你身边有人不断地咳嗽时，你的嗓子本来好好的，也会觉得一下子痒痒的；当你走在上班的路上，看到有人不断地大步向前并超越你的时候，你也会在不自觉间加快了脚步，虽然你并不赶时间……这些都是心理暗示在日常生活中的真实体现，它充斥着我们生活的每一个方面。然而，凡事都有它的两面性，正面的暗示会给我们带来积极的潜意识，负面的暗示则会带给我们消极的潜意识。所以，这就需要我们在现实生活中，不断地尝试着多给自己一些积极的暗示，从而引导正确的潜意识。

（1）试着与自己对话。

和自己对话，是调动自我暗示的最简单有效的方法。在做训练的时候，你可以对着镜子，紧盯着自己的眼睛，真诚地进行个人意愿的表达：“你的这次谈判很重要，但是我相信你的实力，你是最棒的，所以只要努力地正常发挥就能取得成功！加油！”虽然这种方法太过“可爱”，但只要多做几次，你就会操作自如了，并能从中不断地获得力量。久而久之，你会发现，有了这些积极的心理暗示之后，你的整个心态也变得乐观起来，工作效率也显著提高了。

（2）大胆地将内心感受表达出来。

在心理学上，有一种内省法，即让人对自我内心进行深入观察和剖析，再客观地陈述出来。陈述的对象可以是任何值得信赖的人，比如家人和朋友等。当你用这种方式倾诉了感情后，你心理上的压力也在无形中被释放出来。这时，你会在心里暗示自己说，现在的我一身轻松，因为坦白而没有负担，我可以好好地睡上一觉然后迎接明天的太阳了。然后，你的心情便真的好起来。

（3）不要太把负面信息当回事。

有些人对负面信息特别敏感，很容易受负面情绪的影响，比如他总会提醒自己：“昨天我的工作没有做好”“又要面临新问题，好恐惧”等。因为心中总有不安的暗示，所以导致情绪总是很紧张，当然，心情自然不会好。所以，这样的人不要太把负面信息当回事了，要记住生活中有苦有乐，不能只看到不好的事情而忽略了本该值得高兴的事。要多进行正面暗示的引导，在潜意识告诉自己：不怕不怕，一切都会好起来，生活总是美好的。

（4）建立起良好的行为习惯。

积极的自我心理暗示不光是通过潜意识上的沟通来实现的，还受许多行为习惯方面的因素的影响，特别是一些琐碎的细节问题。比如，走路时抬头挺胸，你会感觉自己很有气场，充满自信；出门时注重仪表的得体大方，你便会对自己拥有积极的评价；工作和学习中保持冷静与睿智，你便会更加从容大度……正是这些一点一滴的行为习惯的累积，让你对自己有了肯定的评价，潜意识里也会以自己为荣。

哈佛心理锦囊

在我们的生活中，暗示无所不在。它就如同人的影子，只要有思维存在的地方，就会有它的存在。如果能发挥暗示的积极作用，将对我们的意志力有极其深远的正面的影响。所以，我们要着重培养自己积极心理暗示的能力，引导正确的潜意识，为我们的成功注入强大的心灵力量。

LESSON 5

谦卑心理，是唯一的真正智慧
——谦卑智慧心理学

被称为美国之父的富兰克林，年轻时曾去拜访一位前辈，挺胸抬头迈着大步，一进门，头就狠狠地撞在了门框上。前辈看到他的狼狈样，笑笑说："这是你今天拜访我的最大收获。要想平安无事地活在这世上，你就必须时时记得低头。"从此，富兰克林把"记得低头"作为毕生为人处世的座右铭，最终功成名就。"低头"就是谦卑的智慧，不是妥协，而是面对事情的理智态度，是人活在世的大智慧。懂得"低头"智慧的人，又向心理的健康状态迈了一大步。

别把自己太当回事，谦卑驶得万年船

有一段话是这么说的：“一滴墨汁滴在清水里，这杯水立即变色，不能喝了；一滴墨汁融入大海里，大海依然是蔚蓝色的大海。为什么？因为二者的肚量不一样。不熟的麦穗直挺挺地向上长着，成熟的麦穗则低着头。为什么？因为两者的分量不一样。宽容别人，就是肚量；谦卑自己，就是分量；合起来，就是一个人的质量。”之所以引这段话，是觉得这文字太美，这道理太精辟。

晚年的牛顿曾说，在科学面前，我只是一个在岸边捡石子的小孩。这是牛顿的伪逊吗？当然不是。牛顿本就是一个谦逊的人。虽然他穷其一生都在探索科学的奥秘，但是他知道，宇宙何其大，而自己摸索出来的那一些，又何其渺小。所以，我们不难看出，越是谦卑的人，越能成大器，因为他们知道自己缺乏的太多，所以才会不断地努力和进步。如果说，正是这些人存在的谦卑之心，推动了人类历史的进程，也不为过。

哈佛大学的教授每次都会在结束一堂课的时候，谦卑地对学生说，这只是我的愚见，你们完全可以用自己的思考方式。一流学府的教授尚能如此，我们是否也同样需要呢？

有一天，古希腊著名的哲学家苏格拉底正在和他的学生们聚在一块聊天。这时，其中一位家境殷实的学生扬扬自得地向大家炫耀说，自己家在雅典附近有一大片肥沃的土地。

正当他滔滔不绝地描述着那块地如何大、如何肥沃的时候，苏格拉底顺手拿过来一张世界地图，对他说："现在可不可以麻烦你，指给大家看看，亚细亚洲在哪儿？""这一大片全都是！"学生自鸣得意地指着地图说。

"很好，是够大的。那么现在，你能告诉我们希腊在哪里？"苏格拉底又问。

这次，学生在地图上找了很久，好不容易才把希腊找出来，因为它和亚细亚相比，实在是太小了。

"好极了，那么请把雅典的位置指给我们看一下。"苏格拉底说。

"唉，雅典可就更小了，好像是在这儿吧。"学生边说边指着地图上的一个小点儿。

最后，苏格拉底又问他："那现在请把你家那片肥沃的土地也找出来吧。"

这一次，学生找了半天，找得汗流浃背，也没能把"他家的那一大片肥沃的土地"找出来。想想也是，连雅典在地图上都只是一个小点，他家的地又算什么呢？于是，他只好尴尬地对大家说："对不起，我真的找不到，因为它实在是太小了……"

有人总认为自己很伟大，那只是局限在他自己的潜意识和小世界里。其实，人是无法脱离大环境的，离了他的圈子，他也许什么也不是。

有一个关于20世纪美国著名小说家和剧作家布思·塔金顿的故事。

那是在一个艺术家作品展览会上，塔金顿作为特邀嘉宾前去参会。展览会上，有两个花样女孩兴奋地跑到塔金顿面前，热切地请求他为自己签名。

“我没有带水笔，可不可以用铅笔？”塔金顿心里明白，她们一定很愿意。

“当然可以。”两个女孩很高兴，因为她们崇拜的人毫无架子。于是，其中一个女孩把她那精美的笔记本递给了塔金顿。塔金顿拿了铅笔，挥笔就是几句鼓励之语，末了再签上自己的大名。可是，当女孩接过笔记本一看，顿时皱起了眉头，她抬头扫了塔金顿几眼，问道：“您不是罗伯特·查波斯先生吗？”

“不是。”塔金顿自负地说，“我是布思·塔金顿，《爱丽丝·亚当斯》的作者，两次普利策奖的获得者。”

可是，女孩对这些似乎毫无兴趣，她对女伴说道：“露丝，把你的橡皮借我用一下吧。”

瞬间，塔金顿所有的自负和骄傲都化为泡影。从此，他时刻提醒自己：别太把自己当回事，并不是所有的人都喜欢你。

是啊，在这苍茫宇宙间，哪怕你有三头六臂，也只是沧海一粟。这样一个小小的你，又有什么资格不可一世呢？人似乎都有些弊病，要么自负，要么自卑。其实，完全用不着。如果你自认为形象高大，是一个伟大的存在，那么，世界没了你行不行呢？答案当然是肯定的，因为“山外有山，人外有人”，而且这样的人，全世界数都数不过来，所以还是不要太把自己当回事了。反之，如果你觉得自己渺小如尘埃，那么，在这世间，谁不是两只眼睛两只耳朵一张嘴巴两条腿呢？只是大家扮演的角色不同，所呈现出来的形象有异而已。所以，人与人都是平等的，上帝也是公平的。

所以，请保持一颗谦卑的心，因为你只是一个小我，并不能代表整个世界。当你真正懂得“我”的小，世界的大，你才会在无尽的探索里奋发向上，会不断地实现自己的人生价值。

（1）认清自我。

很多人不可一世，是因为他把自己的形象夸大化、美化了，他以为一个人的高大，是用名气或者财富来支撑的。其实，如果他能认清自我，认识到人在自然环境中也不过是一员而非一霸，认识到自己的所学和所知在知识领域也不过是冰山一角，那么，他自然而然地就会降低自己的傲气，逐渐变得谦卑起来。

（2）找准自己的位置。

人生在世，在各自的位置里扮演着各自的角色。聪明的人会清楚自己的位置，会在自己的位置上兢兢业业，也会努力弥补自己的不足，这种人一般都懂得谦卑之理；而有些人却终其一生都找不准自己的位置，这种人颇不自知，所以做事没有分寸，也很容易自负。所以，想要谦卑为人，首先得找准自己的位置。

（3）尊重别人。

尊重是一种美德，古往今来，它给人以谦卑和恭敬。懂得尊重别人的人，会客观地看待他人的长处和自己的短处，会虚心地学习他人的长处来弥补自己的短处。俗话说，尊重别人就是尊重自己，当你谦卑地学习和求教他人的时候，就是你努力完善自己的时候，这是对自己最好的尊重。

哈佛心理锦囊

谦卑是虚怀若谷的平静，是洞悉人心的睿智，是进退自如的从容。谦卑是人生最好的修行，让你在人生的海洋中安全驾驶着生命的小舟，即使风雨再大，也能安全着陆，因为它不会与海浪负隅顽抗，只会以谦卑之心随波逐流。

学会欣赏，肯定别人并不吃亏

人类的很多情感都是相互的，比如一个从不吝啬于欣赏和赞美别人的人，他的人缘会相对比较好，因为没有人会反感来自别人的肯定。美国哈佛大学的心理学家威廉·詹姆斯认为，人类本性最深层的需要就是渴望得到别人的欣赏。

当今社会，人与人的关系日趋淡漠，人们都活得比较自我，很难去真诚地用心体会别人的好处，更不要说欣赏别人的优点了。这就导致人际关系没有牢实的根基，大多流于表面的客套，甚至可以说是僵硬的。所以，要想建立真正牢靠的人脉，获得真心的客户或者朋友，就必须主动而友好地伸出你的手，大方地欣赏和肯定别人。

当林清玄还在念高二的时候，是个调皮的学生，甚至被记了两次大过、两次小过，留校察看。对于他劣等的学业和操行，很多老师都很失望和反感，唯独他的国文老师王雨苍先生，却对他一直很好，还常常叫他到家里吃饭，遇上自己有事请假时，还让林清玄代替自己上国文课。王雨苍先生对林清玄说："我教了几十年书，一眼就看出你定能成大器。"老师的这句话让林清玄十分感动，备受鼓舞。从此，他发奋图强，发誓不会辜负老师的厚望。后来，他果然成了小有名气的文学家。

有一天，在林清玄路过一家羊肉馆的时候，一个陌生人跑到他面前，热情地和他打招呼，并说起20年前他们见面的情形。当时林清玄还是一名记者，供职于一家报馆，专门写些社会新闻。这天，警察抓了一个小偷，林清玄便被派去采访。警察对林清玄说，这个小偷犯案多次却是第一次被捉，他的作案手段高超，一些被偷的人家甚至在几个星期后才会发现失窃。林清玄一看，这个小偷长相很斯文、目光也很锐利，只见他还拍着胸脯对警察说："大丈夫做事敢作敢当，只要是我做的我都承认。"于是，警察拿出一沓儿失窃案的照片让他指认，当他看到一张屋子被翻得凌乱不堪的照片，便说："这不是我做的，我才没有这么粗野。"小偷的气度让林清玄感慨不已，于是为此写了一篇特稿，在特稿里，他充满欣赏和叹息地说："心思如此缜密、手法如此高明、风格如此突出，有气魄又斯文的专业小偷，我还是第一次见到。如果他不做小偷，在任何一行都会有好的前途吧！"

此刻，站在林清玄面前的人正是那个小偷，而他现在已经成了这家羊肉馆的老板。老板真诚地说："是您写的那篇特稿，改变了我的人生。因为从来没有人给过我那样的评价，它让我认识到自己的人生还有点希望，促使我做起正当事。"林清玄听了他的话，也深受感动，没想到当年几句实事求是的欣赏，竟然让一个惯偷改邪归正，迎来了光明的人生。为此，他倍感欣慰。

林清玄的故事启示我们：有时候，只是一句赞誉的肯定别人的话，也可以成为别人的一根救命稻草。很多人会因为别人对自己的否定和蔑视而看轻自己，从而破罐子破摔，倘若这时候有人肯发现他的闪光点并予以充分肯定，那么，他一定会重新审视自己，改变自己的行事风格。所以，你的一句真诚的赞赏，对别人来说，比珍宝还贵重。特别是那些穷途末路的人，当你对他关怀、呵护和鼓励，哪怕只是一句话，也会犹如一把火炬，给他温暖，点燃他的自信、自尊，以及他那本来晦暗不明的未来之路，使他努力奋发，积极向上，走出困境。

欣赏别人，肯定别人，可以成为我们的一个好习惯。当你习惯于从别人身上发现优点，也有助于自己逐渐走向完美。所谓人各有所长，取人之长，补己之短，何乐而不为呢？所以，从现在起，就学着做一个欣赏别人、肯定别人的人吧！

（1）真诚与人交往。

真诚地与人交往是我们了解他人、欣赏他人的第一步，是前提条件。开头我们就提到，人的情感都是相互的，相信用你的真诚，一定能换得别人的真诚。即使对方起初会排斥，但日久见人心，时日渐长，也会被你的真诚打动。所以，不管做什么事，真诚是我们应该具备的道德，是人际交往的敲门砖。只有相互坦诚相待，才有可能了解彼此的真性情，才会发现对方身上的优点。

（2）善于发现别人的优点。

在与人交往的过程中，要站在别人的立场，从别人的角度看问题，想事情。当你以自己的喜恶来评判别人的行为，终究会有失公平，更无从客观地看待别人的优缺点。所以，我们首先要做到尊重别人，理解别人，这样才有可能发现对方的闪光点。

（3）不要吝啬你的赞美。

一旦我们发现了别人的长处，一定要毫不吝啬地表达出来。当然，我们赞美别人的初衷，不是为了溜须拍马，而只是为了向对方真诚地表达我们的欣赏而已。怎么赞美别人？不是要我们说一些夸大其词的溢美之词，而是根据对方的实际情况，表达自己的真实想法，当然，这种想法得是被认同的想法。我们可以直接地赞赏对方，也可以采取委婉的方式，总之，要有分寸，不能过于矫揉造作或虚张声势，否则会让人觉得你没有诚意。

哈佛心理锦囊

生活中，很多人哪怕发现了别人的优点，在心里面认同了别人的优点，也从不愿去肯定对方，赞美对方。其中一部分人是不愿“长他人志气，灭自己威风”，而另外一些是性格所致，因为他们比较内向，夸奖别人的话说不出口。其实，只要他们懂得，欣赏别人就是尊重别人、鼓励别人，同时也是在为自己铺路，那么他们就会相信，肯定别人并不吃亏。既然是不吃亏的事，又何乐而不为呢？

人无完人，学会适时示弱

相信连小学生都懂得“不甘示弱”这个词，说的是我们在做某件事的时候，不要落在别人后面，不要甘于表现出自己比别人差，比别人弱。这个词的表面意思并没有什么不妥，所谓人争一口气，就是要活得有派头。但是，问题就在于“不甘”二字。因为它包含着较量的意思，而“较量”本身，又带着一些意气用事的意味。所以，这终归是不大好的。相反，适时示弱说不定更能成功，或者更受欢迎。

事实上，适时示弱也是一种生存智慧，更是一种获取成功的手段。如果你是强者，适当地示弱，不但不会因此降低了身份，反而能够赢得别人的钦佩和敬重；如果你不是强者，适当地示弱，也不过是一种真实的表达，却会让人觉得你很坦诚，从而变得欣赏你。所以，不管对什么人来说，偶尔的示弱也是为了使自己更接地气，更有力地存活下去。聪明的哈佛人就认为人应该“示弱”，因为无论对于强者还是对于弱者，都会有所收获。

文学家沈从文的小说虽然写得很好，可他的授课技巧却一般，他自己也很清楚这一点，所以每次上课时，他都会这样开头："我的课讲得不精彩，如果你们想睡觉，我不会干涉，但请不要打呼噜，以免影响了别人。"就因为他这"示弱"的一说，反而让同学们来了精神，都会认真听他讲课，很少有人瞌睡。所以说，即使你的地位再高，也会有一些大大小小的不足，如果你能诚恳地以自己的弱点示人，反而会得到别人的理解和包容；反之，如果你总是自恃清高，掩盖自己的缺点，反而会令人反感。偶尔示弱，不失为一种高明的生存智慧。

有一座砖瓦窑，窑主规定每个窑工每个月必须完成一万片的制坯任务，完不成的就按未完数量扣工资，最低扣 10%，超过当月任务的，按数量计发奖金。

这天，窑主新招了一个叫小何的工匠。小何在窑里操作了三天，每天制坯 500 片，且质量上乘。老板很高兴，当众表扬了他。小何心里喜滋滋的，便得意地说："每天再多做 200 片我都没问题，奖金我可拿定了。"

当天收工时，小何感到一道道剜人的目光向他射过来。当他到食堂吃饭时，又发现自己的碗筷也被人扔在了一旁。小何起初很气愤也很不解，他不知道自己初来乍到，能得罪什么人。可当他想起白天的情形，便一下子恍然大悟，肯定是自己的言行遭到了工友们的不满。

第二天，小何故意放慢了速度，制瓦坯的数量和工友们接近。当老板再来巡视时，小何恳切地对他说："老板，我最初还觉得一天制坯五六百片不成问题，可是干了三四天，才发现这真是个累人活，让人吃不消。你想啊，我们在砖窑里干活又脏又累，即使制了九千多片瓦坯，还要被扣 10% 的工资，实在是有点不合理……"老板想想也是，便取消了这项工资制度。

除此之外，小何还努力地接近工友们，真诚地向他们传授提高工作效率的办法，使大家最后都能超额完成任务。从此，工友们也改变了对他的看法，都很佩服他，尊敬他，有什么事也都听他的。

可以想象，如果小何在招致工友的不满之后，没有及时调整自己，将会给自己带来更大的麻烦，甚至丢了工作也说不定。因为如果一个人太过于锋芒毕露，处处显示自己的过人之处，就会招致别人的妒忌和不满，从而为自己惹来麻烦。所以，强者只有适时地示弱，才能让对手或伙伴保持心理平衡，他们才会和你和平相处，而你，也才能更“安全”地生活。这样的例子不在少数：项羽英勇强悍，飞扬跋扈，结果兵败垓下，四面楚歌，英雄末路，自刎乌江；而汉高帝刘邦善于示弱，善得人心，结果一统江山，坐拥天下，成为一代帝王。韩信居功自傲，功高盖主，结果招致杀身之祸；而同朝的名将萧何，却懂得避其锋芒，结果赢得了朝野上下一致好评，也确保了他一生的地位和平安。

所以，在为人处世方面，我们一定要学会适时适当地示弱，这样才能让自己的路走得更顺更远。

（1）新人不宜锋芒毕露。

很多人进入一个新的工作单位，往往会急于展示自己的才能和实力，希望能尽快得到他人的认可和刮目相看，因而表现得太过锋芒毕露。这样做的后果，只会适得其反，让人觉得你很自负，从而对你感到厌烦。事实上，这种以自我为中心、个人至上的思想，无疑是在人为地给自己和新同事之间设置了难以跨越的鸿沟。所以，在新的环境下，唯有适时示弱，把姿态放低一点，才能树立好的形象，赢得大家的好感与信任。

（2）“难得糊涂”。

俗话说，聪明反被聪明误，所以，不管你多聪明，在适当的场合还是应该“糊涂”一下，这样做也不一定吃亏。比如面对生活中的一些小事，即便我们知道有更好的方法解决，但如果对方的做法也无伤大雅，只是更费力些而已，这时我们不妨采取难得糊涂的态度，睁一只眼闭一只眼，这样就可以避免引起冲突，于人于己都有好处。所以，如果一个人在为人处世中学会难得糊涂，他会在很多方面受益无穷。

（3）大智若愚。

古往今来，不乏一些有才干的大智之人，最后要么被人排挤，要么遭人陷害，最终落个“名不保身”的下场。这就是因为他们的“锋芒毕露”，使自己成为一个暴露的目标。所以，哲人们总是告诫人们说，做人要“大智若愚”。“愚”是一种道，是为人处世的规律和法则，它是一种大智慧。

（4）示弱也要掌握分寸，要有底线。

示弱应是偶尔为之，而不是随时随地，它是有底线的。经常性地或者时时处处都示弱会让人看不起，甚至让人嫌恶。所以，示弱得有个分寸，适可而止。虽然你不可能事事优秀，但总要有个拿得出手的才行，这样才会让人觉得你是一个有价值的人。

哈佛心理锦囊

人无完人，哪怕你是一个各方面都很出众的人，也不可能没有毛病可挑，所以，不要表现得那么光芒万丈，咄咄逼人，而要做一个有柔软度的、亲和的“强者”。一旦你以弱者的姿态行事，你在别人心目中的形象也会变得谦虚谨慎，对方也能乐意接受。如此一来，强者更强，弱者也能从中找到心理平衡。

放低姿态，低调做人

古人说得好："唯有低头，乃能出头。"一个总是昂着头大步向前的人，一不留神，就会被撞得鼻青脸肿，头破血流。那些高高在上的人，往往是孤独的，因为无人敢和他同行，无人愿和他同行。正如古代的皇帝，因为权压众人，所以孤独，正应了他那"寡人"之称。所以，哪怕你是个位高权重的"高人"，也不要总是不可一世的样子，否则，不但知己难寻，更怕"暗箭难防"。正所谓"人间高处不胜寒，尘世低处好安身"。

印度有一个佛学院，每当新生走进教室，都必须先通过一扇只有1.5米高、0.4米宽的小门。所以，新生们是无法抬头挺胸走进去的，每次都只有低头侧身，才能勉强通过。这所学院是别出心裁地为学生们进行了一次终身教育，让他们懂得今后的人生道路上还有很多这样的小门，而唯有做到低下头颅，放低姿态，才能顺利通行。

人生在世，总有很多不得不低头的情况发生。所以，该低头时便低头，这不是一种卑微，也不是屈服，而是为了更好地处理危机。放低姿态，实际上也是一种低调。低调行事，往往比高调更容易成功。因为低调才能不那么引人注目，才能在不被干扰和破坏的和平的环境里行事。在哈佛大学一百周年校庆里，哈佛校长排队于校庆大厅，其讲话也只有一分钟左右……除此之外，哈佛大学的老师还告诫学生们：不要因为自己是一名大学生就觉得了不起，应该把自己看成普通人，与所有人都站在同一起跑线上。生活中最不值钱的就是"架子"。世界的一流学府尚能做到如此，更何况平凡的你我？

有一个人博士毕业后去找工作，结果很多公司都不敢用他。没办法，最后他决定收起所有的学位证明，以一个高中毕业生的身份去求职。最后，这个“最低身份”助他求职成功。

他被一家公司聘用为程序输入员。这种工作对他来说只是小儿科，形象一点说就是“高射炮打蚊子——大材小用”，但他丝毫没有轻视，而是干得兢兢业业。

没过多久，老板发现他不光分内的工作干得出色，还能看出程序中的错误，不是一般的程序输入员可比的。于是，老板惊讶地问他，为什么区区一个高中毕业生，竟有这么强的专业水准。不得已，他才亮出了自己的本科学位证书。老板看了后，立马给他换了个与本科毕业生相配的职位。

又过了一段时间，老板发现他对很多专业的东西都有独到的见解，并时常提出一些很有价值的建议，比起一般的大学生，可要高明得多。这次，他只好亮出了硕士证书，于是老板又立马提升了他。

不久，老板再次觉察出了他高于别人的地方。面对老板的质疑和追问，他这次只得把博士证书拿出来。此时，老板已经对他有了一个相当高的评价，便刻不容缓地把他提拔到最重要的位置上。

就这样，他凭借一个低的起点，通过自己的出色表现，成功地完成了“三级跳”。

这个故事告诉我们，当一段路行不通的时候，我们不一定就得放弃，这时候不妨另辟蹊径，殊途同归不是没有可能；当我们因为自身的优势给别人造成压力的时候，不妨放低姿态，换一种易于让人接受的姿势，获得和别人亲近的机会；当我们面对的对象比较弱势的时候，也不要自恃清高，而应该尽力做到和对方平起平坐。唯有做到了这些，我们做起事来才会减少阻碍，才会得心应手。

比尔·盖茨曾经这样忠告年轻人："卖汉堡并不会有损你的尊严。"同样地，当你放下身价，你就捍卫了别人的尊严，也维护了自己的尊严。放低姿态，就是一种低调处世的行事风格。而很多人的爆发力，都是在低调的过程中蓄积起来的。所谓厚积薄发，也需要低调的土壤。所以，生活中，我们不妨放低姿态，低调做人。

（1）放宽胸怀，拥有平和的心态。

一个胸怀宽广的人，不会太计较个人得失，不会过于自尊。而那些太自尊的人，是很难让他们放低姿态的，因为他们会有屈辱感。当你放宽胸怀，拥有平和的心态，你就会很客观地看待尊严，会懂得怎样维护别人和自己的尊严。这样的你，才不会为了放低姿态而觉得没面子。

（2）收敛自己的个性。

人的个性影响他的行为能力。一个生性要强的人，别说让他主动放低姿态，就是劝说他稍微低低头都难。所以，如果你是性格好胜的人，不妨稍微收敛一下自己的个性，让自己变得圆润一些。一旦人的个性线条柔和下来，他就不会再偏执，就会在适当的时候抹开面子，做一些妥协。

（3）不要过分苛求别人。

认真是好事，可是有的人太较真，不但对自己要求完美，对别人也如此，容不得别人有一点点失误或不足。这样的人不但自己活得很累，也会让别人觉得不近人情，从而对他敬而远之。日子久了，孤独便成了苛求对他的最高奖赏。这样的人，是很难放低姿态的，因为低头对于他来说是在破坏完美。所以，要想做个低调的人，就不能过分地苛求别人，当然，对自己也不要太狠。

（4）亲和力就是放低姿态。

一个有亲和力的人，会让人不自觉想亲近，因为他不会在无形中给人制造距离感，哪怕他是一个名人，也不会让人有高高在上的感觉。当然，有亲和力可不是天生的，说穿了，只有当你把内心的尊卑观念淡化掉，才会表现出真正的平易近人。所以，具有亲和力的人本身就是放低姿态的低调的人。

哈佛心理锦囊

传统观念认为，放低姿态就是给人服软，这是一种错误的观念。放低姿态其实是一种对抗危机的智慧之举，虽然它有损你现在的“面子”，但却有助于你未来的发展。一个不懂放低姿态而高调做人的人，很容易成为“众矢之的”，这样的人，永远只能“孤军作战”。

有舍才有得，得失心不要太重

佛家言：我们的烦恼从哪里来？患得患失。

所谓患得患失，是指得失心太重。当然，得失心是人类共有的，只是有的人会用平常心对待得失，有的人却会让得失决定自己的悲喜。后者做事通常带有功利心，因为太注重“得”，所以小心翼翼，如履薄冰，最后反而因太过谨慎而不得。不过，也还存在另外一种情况，那就是对“得”的期望过高，所以往往对结果的要求也高，最终导致很难如愿。

《易经》云：“动则得咎。”意即只要你选择去做一件事情，就一定会有得有失。也就是说，任何事都有其两面性，我们不会无缘无故得到，所以，不要因为轻易得到一点东西就沾沾自喜，因为你总会为之付出点什么，所以你也算是“失去”了，只是你人为地把“失”淡化或忽略不计，而把“得”无限放大化。道理既然如此，那么我们就不必对“失去”过分感伤，尤其是一些眼前利益。从长远来看，舍得小利，才能赢得未来。

孔子有个弟子叫宓子贱，是鲁国人。

有一年，齐国进攻鲁国。随着战争的激烈化，战火就要烧到鲁国的单父地区了，而宓子贱正是单父宰。此时，适逢麦收季节，眼看麦子马上就能够收割入库了，此时若有齐人攻过来，老百姓一年的劳动成果将付诸东流。于是，百姓向宓子贱提议，希望在齐军攻进单父地区前，国家能允许他们抢收麦子，只要抢到的都可以归为己有，不管那是谁种的。其实，老百姓的目的只有一个，就是不希望他们辛苦种下的麦子被敌人掠走，总之就是不想让敌人占了便宜。再说，齐国的军队如果抢不到粮食，他们的士兵也不会坚持太久。这个建议听起来很有道理，可是宓子贱却坚持不同意这么做。于是，该地区的小麦很快就被攻进来的齐国大军一抢而空。

事后，宓子贱为此受了不少抱怨，连鲁国的贵族季孙氏也发怒了，特意派出使臣向宓子贱兴师问罪。宓子贱对前来的使臣说：“麦子今年被抢了，我们明年还可以再种。但是，如果这次真的下令让百姓们抢收麦子，那岂不是让那些没有种麦子的人不劳而获了？虽然也会有一些种了麦子的百姓抢回一些，可是那些在今年捡了便宜的人兴许就会年年盼望着敌军在这个时候入侵，长此以往，民风就会败坏。所以，我认为，鲁国不会因为被人抢去了一年的收成而衰弱，但如果让我地的百姓产生了这种借外敌侵入而不劳而获的不良心理，才是真正致命的啊！”

使者向季孙氏传达了宓子贱的想法，季孙氏也不禁佩服他的远见卓识。

很多时候，利益当前，我们的第一直觉就是要把它牢牢抓住，却很少先做长远打算再行动。宓子贱的故事说明，一个人只有舍得下“小得”，才能立足长远，深谋远虑。这样的例子在我们生活中层出不穷，比如有的人因为一点蝇头小利而犯下滔天罪行；有的人为了追名逐利而毁了一世英名……他们都只看到眼前利益，而不考虑后果，结果因小失大，追悔莫及。

俗话说，小舍小得，大舍大得，不舍不得。是你真正想要的东西，你便舍得为其付出。而那些贪图眼前利益的人，则是没有什么恒定的目标，只要有“得”的机会来临，他们便照单全收，结果到最后却要以某些“牺牲”来埋单，极为不值。其实，只要你的得失心不那么重，欲望也会相对减轻，在面对诱惑的时候，也能把持自己，三思而行。所以，生活中，我们应该不时修剪自己的欲望，调整自己的得失心，让自己对得失拥有一个比较平和的心态，唯有如此，才会去拿该得的东西，才会对那些暗含隐忧的眼前利益退避三舍。

（1）养成积极好心态。

一个人总是患得患失，其根本原因在于他害怕失去。也许，他骨子里并不是那么狂热地想得到什么的人，却害怕让这个“可以得到”的机会白白流失掉了。所以，他不想错过每一次机会，于是为了得到不同的东西而费尽心思。就像一个女人看中了一件衣服，她本来不是非买不可，可是一想到如果自己不买的话，衣服就会被别人买去，于是她会产生一种“失去”的恐慌感。如果她有个积极阳光的心态，懂得那件衣服原本就不是属于她而是属于任何一个消费者的，那她就不会有强烈的得失感了。所以，保持积极的心态是非常重要的。

（2）看问题目光要长远。

很多因小失大的例子证明，很多人往往是因为小的利益而失去了获得更多的机会。这样的人，实质上属于机会主义者。他们习惯于利用机会来获得利益，而不想通过努力来争取到自己想要的东西。每当有一点利益，他们就奋不顾身地投入其中，而不想想这样做自己会失去些什么，要到最后才明白，得到的远不如失去的重要。所以，要想平衡得失心，就要在看问题的时候把目光放长远。

（3）适时修剪自己的欲望。

得失心重的人，其实是受自己的欲望支配。因为对名利有根深蒂固的欲望，所以不管在任何时候，只要有利可图，都会诱发他们的利欲心，从而误导他们做出不正确的决定。当然，欲望固然可以有，但是欲望就像一粒种子，只要你允许它生长，它就可以拥有冲天的力量。欲望之树一旦发展壮大，你就很难管理它了。所以，要适时修剪自己的欲望，做一个淡泊名利的人，这样才不会因为过重的得失心而害了自己。

哈佛心理锦囊

陶渊明舍得官职，才得以拥有“采菊东篱下，悠然见南山”的自得；越王勾践卧薪尝胆，舍个人荣辱，而得江山社稷；韩信忍受胯下之辱，舍一时尊严，终得丰功伟业；比尔·盖茨舍得一纸珍贵的文凭，才创造了微软的财富神话……一个成功的人，必然懂得舍与得的玄机，懂得有舍才有得，懂得以平常心对待得失才能安享人生。

LESSON 6

分清自己和对方的心理需要——为人处世心理学

人际交往是我们生存在这个世界，躲也躲不开的话题，而且我们每个人都希望在人际交往中成为受欢迎的人。但往往事与愿违，在和各种人交往的过程中，我们可能会因为个人的喜好，而且没有满足他人的期待，从而造成了交往的障碍。其实，在交往的这个圈子里，除了你之外，和你有交集的人，都会对你有某种期待，若能满足这些期待，你就会成为被需要的人，这种需要也成了你的某种价值的体现。

凡事替别人着想，善解人意更有魅力

不管你承不承认，生活中，不管是朋友、同事，还是恋人，我们更喜欢那些懂自己的人。其实，换一种说法就是，我们更喜欢善解人意的人。

表面看，善解人意的人比较善于揣摩别人的心思，而实际上，善解人意的人得拥有很多好的品质才能做到如此，比如他们更有善心，更善良，而且更体贴，少了这些，都很难做到真正的善解人意。因为善解人意不是表面功夫，而是人内心的反射行为。如果遵从实际，相信没有人会不承认，善解人意的人更有魅力，更受欢迎。正如美国的心理学家丹尼尔·戈尔曼所说："准确感知他人的情绪是情商的突出表现。"而哈佛大学著名的心理学家加登纳同样认为："体察他人的内心感受是人类智力表现之一。"

那么，怎样才能做到善解人意呢？其实，凡事能站在别人的角度为他人着想，就是善解人意。

老李是村主任，凡事都要亲力亲为，非常忙。忙得快乐还好，可是他似乎忙得有点麻木了，整天绷着个脸，好像天随时会塌下来，他时刻准备顶着似的。忙完村里的事，他就回家吃饭，但在家也不怎么说笑，对妻儿关爱甚少。

有一天，老李的妻子做了他非常爱吃的鸭子。老李吃着鸭子，忽然发现这只鸭子好像只有一条腿，便对妻子说："嗯？太奇怪了。为什么这只鸭子只有一条腿呢？"

妻子一本正经地说："我们家的鸭子都是只有一条腿的。"

老李以为妻子在和他开玩笑，便不高兴地说："怎么可能呢？你以为我这村主任白当的，连鸭子有几条腿都不知道吗？我活到这把岁数，可从没见过一条腿的鸭子呢！"

妻子笑了："好啊，你要是不相信，现在就到咱家的池塘去看一看，不就清楚了？"

老李想想也是，便马上放了碗筷，快步跑到自家池塘。到那一看，还真是如此，他家养的鸭子都只有一条腿。

老李心里清楚，鸭子不可能真的只有一条腿。可是，它们的另外一条腿到哪里去了呢？

原来，鸭子在中午休息的时候，都把另一条腿给缩起来了。

老李何等聪明，灵光乍现之下，便拍几下掌，啪！啪！啪！

鸭子一听到掌声，便马上两腿一伸，飞快地跳下水去了。

见此情景，老李得意地对妻子说："哼，你看看，咱家的鸭子不都是两条腿吗？"

妻子听了，却不以为然地说："这还不简单，不就是因为有你的掌声，它们才会有两条腿的吗？"

老李听了妻子的话，笑容顿时僵住了。聪明的他，当下就明白了一个道理：无论面对什么人什么事物，你要能了解对方的需要，才能根据它的需要做出努力，最后才能迅速地得到自己想要的东西。鸭子需要掌声，家人同样需要。妻子和儿女都爱着这个家，为这个家默默奉献着，自己却疏于关爱，这也太不近人情了。

于是，从那以后，老李一有时间就在家陪妻子和孩子，家里也总能听到他的笑声。一家人生活得和和美美。

人生在世，生活在一个大环境里，每天要面对各种各样的人。如果我们只按照自己的意愿活着，就会成为一个自我的人，显得极不合群，最终的结果也是被人疏远，形单影只。所以，在自我认知之外，我们还应该对别人有所知，因为了解别人也很重要。了解别人，会让你趋利避害，不做令人反感的事；了解别人，会让你广积人脉，因为每个人出于本能，都会对那些了解自己的人更青睐……同样地，因为你肯用心了解别人，别人也会反过来了解你。如此一来，你就会生活在和睦融洽的圈子里，每天都有好心情。

美国作家切斯特·菲尔德曾说："用别人对待你的方式去对待别人"，说的也正是人都是需要别人理解、同情和尊敬的。那么，我们要如何才能修炼到善解人意呢？在此，让我们来学习一些技巧和方法，然后再具体运用到日常的生活中。

（1）拥有虚怀若谷的度量。

一个心胸狭窄的人，心里容不下别人，只有自己，所以，这样的人是很难做到善解人意的。而一个虚怀若谷的人，其度量一定不会小，也更能做到善解人意。他们会尊重他人的优势和才华，也会包容别人的缺点和不足；会尊重别人的人格和尊严，也会包容别人的性格和脾气。这样的人，走到哪里都会受到欢迎和尊重，他的人缘也不会差到哪里去。

（2）心存善意，多理解别人。

人与人相处，难免磕磕碰碰，甚至产生误解。这时候，不管我们多生气，都不要做出冲动的举动。我们要心存善意，不过于计较，要站在别人的角度去想问题，试着原谅对方。这样，对方也会觉得自己的做法欠妥，然后很快就会修正自己的言行。当然，对你也会充满感激。

（3）善待他人，给予帮助。

生活中，你我都难免会遇到困难。善解人意，就是在别人需要帮助的时候，积极地伸出援手，不能说是雪中送炭，但为别人下一场“及时雨”还是不错的。你的真诚帮助，哪怕只是很小的一点，也会让别人感动，从而铭记在心。于是，在你有需要的时候，他同样有可能帮助你。

哈佛心理锦囊

也许只是你一个关切的眼神，一句体贴的话语，抑或一个小小的尊重的手势，就足以表达你的善解人意。因为你的善意，别人如沐春风；因为你的善意，别人感动常在；而你的善意，说不定会成为别人的强大动力。所以，不要吝啬自己的体贴和关怀备至，凡事替他人着想，你会魅力无限。

投其所好，事半功倍

我们可能都曾有过这样的体验：不管我们在内心里多么认同一个人的观点，但是当他对我们进行忤逆的时候，我们还是会对他反感，甚至会违背自己的内心对对方予以否定。这是人性的特点，也是人性的弱点。但是，对大多数人来说，这种心性都是存在的。

事实上，不管是谁，都会有自己感兴趣的领域，也都会有他不能容忍的底线。如果你想要得到他的认同，或者从他那儿寻求帮助，那么，你一定要弄清楚他的喜好，哪怕你并不能认同他的观点或行事风格。为了使自己的路好走一点，为了达到自己的目的，你只能选择尊重别人的喜恶，再加以利用，唯有如此，才能够逢凶化吉，如愿以偿。这就是投其所好定律。

圣诞节的前一天，在美国的一座小城里，乞丐们正在举行一场聚会。会上，他们将要选举一位最善良、最令他们感动的人，最后，他们会把一个由大家共同编织的“善良天使”的花环送给这位善心人士。

选举开始，有人提名一位肚子圆圆的工厂主，因为他出手总是很阔绰；有人提名一位餐厅老板，因为他总是无比慷慨地施舍给他们美味的面包和菜汤；也有人提名一位德高望重的医生，因为他经常免费给大家治病……正当大家各执己见、争论不下的时候，一个瘸腿的女孩站起来说：“我觉得，莎丽大婶更适合当‘善良天使’。”

女孩的话音刚落，便立刻有人站起来反驳道：“莎丽大婶？那个穷人！她从来没给过我一片面包，更别提给我一美分了。”

女孩辩解道：“那是因为她没有钱。可是，她却给了我们用钱买不到的东西。她每次路过我身边，都会对我抱歉地微笑，并说：‘对不起！我实在没有什么可以给您。’她给了我们微笑和尊重，这是我们最需要的，也是别人从来没有给过我们的，这难道还不够珍贵吗？”

听了女孩的话，乞丐们都陷入了沉默。一会儿，哗哗的掌声便响起来了，大家一致同意将“善良天使”的桂冠授予穷人莎丽大婶。

在大家眼里，乞丐最需要的，无非是金钱或食物的施舍。可是，谁又能体会他们的真正需要。和世界上任何富有的人一样，他们的尊严同样需要维护。正如女孩所说，微笑和尊重是用钱也买不到的。

所以说，每个人都有其需要，但每个人的需要又是迥异的。比如一些成功人士，他们的需要可能和常人大不一样呢！

矿冶工程师吉米毕业于美国耶鲁大学，在德国的佛莱堡大学获硕士学位。有一次，他到美国西部的大矿主布鲁克那里应聘。

布鲁克是个极其自负而又刁钻的人，他本人没什么文凭，靠自己的智慧和技能起家，所以一贯瞧不起那些有文凭的人。在布鲁克办公室，当吉米递上自己的文凭时，布鲁克却看都不看一眼，并嗤之以鼻地说："抱歉，我这里需要的是实干家，而不是拿着文凭的草包。哼，德国佛莱堡大学的硕士？你以为你那满脑子的理论有用吗？我告诉你，完全没用的！"

吉米好不容易缓过神来，终于搞清楚了眼前的状况，原来这位大矿主很排斥文凭高的人。他脑子飞快地转了一下，而后故作神秘地对布鲁克说："如果你答应我不会告诉我父母亲的话，我想和你分享我的一个小秘密。"

布鲁克本就是个好奇心重的人，一听得这话，便马上来了兴趣，表示会替吉米保守秘密。于是，吉米故作小声地说："其实我在佛莱堡大学并没有学到什么，相当于混了3年的日子。要知道，再在那多待一天我都会疯的。我之所以坚持到毕业，是因为我的父母对我寄予了厚望，我不忍心辜负他们罢了。"

布鲁克听了，立马露出满意的笑容来，赞许地对吉米说："好样的！年轻人，那你明天就来上班吧。"

不得不承认，布鲁克的喜好有点让人无言以对。不喜欢高学历的老板，估计也为数不多吧！可是，正如吉米一样，为了得到工作的机会，你又不能不认同他的喜好，并遵照他的喜好来管理自己的言行，否则，就是和自己的前途过不去。所谓识时务者为俊杰，很多时候，"见风使舵"也未尝不是好办法。

在生活中，这样的情况也屡屡发生。如果我们一味较真，让"个人主义"横行肆虐，最后苦的还是自己。对那些有别于我们自身的个体，他们有自己的独特喜好，也是无可厚非的。每个人的生长环境不同，他的性格就不同，从而导致他的兴趣爱好也有异于别人。在别人眼里，我们同样也是有着奇怪喜恶的人呢！所以，多体谅一下别人，尽量尊重别人的爱好，并在别人感兴趣的事情上多做交流和沟通，让别人感受到你的细心和真诚，这样一来，你才会让别人从内心里接受你、认同你。说到底，投其所好就是要了解对方需求，然后满足其需求。那么，问题就来了，我们要如何来了解对方的需求呢？

（1）通过观察和交谈的方式了解对方的需求。

察言观色应该是一个最安全的了解对方需求的方法了。当然，这个方法对于那些有经验的人来说，更为可行。善于察言观色的人一眼就可以从对方身上获得许多信息，比如年龄、衣着风格、财务状况等，然后他们会在这些信息上做文章，让对方有熟悉感和亲切感。慢慢地，通过简短的交谈，基本就可以深入主题了。

（2）通过直接询问的方式了解对方的需求。

这种方法有点冒险，但是对于那些在察言观色方面没有经验的人来说，也算是最便捷的方法了。不过不用担心，其实很多人都会欣赏直率的人，说不定你的直接询问，反而让对方觉得你是个真性情的人，从而对你充满好感呢！

（3）通过调查研究来了解对方的需求。

对于那些比较重大的、极其重要的事情，调查研究是最周全最稳妥的办法。调查研究，可以帮助你从各个方面了解对方，从而更准确地抓住要害，重点“出击”。美国前总统罗斯福在这方面是行家。但凡见过他的人，都会对他的学识、智慧和交际才能赞叹不已。曾拜访过他的贾马利·布瑞福先生就曾不无感慨地说：“罗斯福能和任何一个人相谈甚欢，不管对方是牛仔，是驯马师，还是政客或外交官。”其实，他不知道的是，罗斯福每见一个人，都会在之前调查和研读对方的资料，可谓是做足了多方准备。

哈佛心理锦囊

投其所好，在我们的人际交往中是极其重要的。如果我们能够了解并尊重对方的兴趣和爱好，便会首先给人留下一个好印象，从而成功地迈出与之建立友好关系的第一步。一旦对方对你有了好感，接下来的事，也就水到渠成了。所以，学会投其所好的技巧，可以帮助你事半功倍。

有亲和力，才有吸引力

生活中，有些现象会让我们觉得匪夷所思。比如两个同时入职的新同事，有一个很快就赢得了人心，而且这个人还并不十分擅长交际；而另外一个人却没有那么受欢迎，虽然他很注意拉拢和同事们的关系，而且其行为得体。其实，这个现象未必有悖常理。我们很确定，那个很快就有好人缘的人，一定更具亲和力。

大家可能会说，为什么如此笃定呢？其实，大家不妨想一想，在我们的生活中，会更喜欢和哪种人打交道呢？答案很明显，当然是那些感觉起来没什么距离感的人，用一句庸俗的话说，就是和他在一起很自在，很舒服。而具有这种特性的人，就是有亲和力的人。

常人无法想象，亲和力在我们的生活中起着怎样重要的作用。一个有亲和力的人，会有一种独特的吸引力，让人愿意接近他，并和他深交。亲和力强的人，不仅让别人对他无法产生反感，还很容易让别人接受他的思想，因为在人们为他的亲和力所倾倒的同时，就已经对他产生了信任感。所以，不管是在学习、工作还是生活中，亲和力都是我们拥有良好人脉的不二法宝。就连《哈佛商训》里也如是说：面对激烈的职场竞争和市场竞争，管理者及其组织要想生存、发展，进而求得事业的成功，必须建立持久的亲和力。亲和力会使您在举手投足之间更具魅力，能够从容应对各种场合。

张森大学毕业后进了一家广告公司的策划部。工作没多久，部长就告诉他们几个新人说："公司要做个全国促销方案的策划，期限是一周，到时候董事长要亲自验收。你们都是年轻人，可要好好把握机会。"

张森想，这次可是个展示自己才能的好机会。她暗下决心，一定要做出一份让董事长满意的策划方案来，甚至超过别的新同事。她本就是个有干劲的人，一周之内竟设计出三份策划案。两天后，董事长要见她。

"姑娘，请坐，我只想讲个故事给你听。"一进房间，董事长就对张森说。

"百兽之王老虎一下子产下了两个虎宝宝，森林里的动物都前去祝贺，只有老鼠嗤之以鼻。老鼠想，生下两个宝宝有什么值得炫耀的，我还一胎产下 8 只老鼠呢！后来，猴子知道了老鼠的心思，便语重心长地对它说：'老鼠姐啊，虽然 8:2 的差距是客观存在的，但你别忘了，人家的品种可比你的好啊！'"

故事讲完了，董事长又接着说："你的三份策划案我都看过了，我也知道你花了不少心思，尽了最大努力。但你要记住，当你把100%的努力投入三个策划案中的时候，每个方案只耗费了你1/3的努力；如果你把所有的努力都投入一个策划案中，那么你的这个策划案就倾注了你100%的心血。我们追求的重点，肯定是在质量上啊。"

董事长的一席话，让张淼明白了很多道理，也使她从中认识到了自己的一些问题。她按照董事长的提醒，开始在工作中注意自己的效率和质量，结果业务水平见长。而且，经过这番谈话后，她工作得更轻松更开心了，因为她知道董事长是个和蔼可亲、没有一点架子的好老板，所以也不用整日惶惶不安想着老板是否会毫无征兆地发一下"老板疯"。当然，别的同事也在老板的这种亲切"关爱"下，树立了信心，获得了力量，公司上下都卖力地工作，使公司的经营蒸蒸日上。

我们似乎习惯了"棍棒之下出孝子""严师出高徒"这样的传统观念，深信严格的管理和对待之下，必使人成器。可是，我们忽略了一点就是，人都是有叛逆心理的，特别是在当代社会，人们的思想独立而前卫，不服输不服管，如果和他横着来，反而容易挑起他的抵触和忤逆心理。相比之下，怀柔政策就要有用得多。就像案例中的这位董事长，他用的是一种温和的说教方式，既保全了对方的面子，又能准确表达自己的想法，这种亲切的态度，对双方来说都是有利无害的。

人的感情都是相互作用的，你亲切待人，对方也不会对你横眉冷对，正如有句话说的，你怎么对别人，别人就会怎么对你。一个充满亲和力的人，他的一言一行，都很容易俘虏人心。谁不想得人心呢？所以，还是好好培养自己的亲和力吧！不过，亲和力应该如何来培养呢？不妨参考一下下面的方法和技巧。

（1）微笑的魅力。

谁也不能否认，微笑是世界上最具亲和力的表情，也是世界上最美丽的语言。哪怕你不说话，只是带着笑站在那里，别人都会注意到你，甚至会对你留下深刻的印象。微笑之所以能感染人，是因为它是一种积极的象征，带着正能量和感召力，这也是每个人的本性中最不容拒绝的东西。如果你想要让自己具有亲和力，那么就学着面带微笑吧。有句话不是这样说的吗？爱笑的人运气都不会太差。

（2）眼神的力量。

人都说，眼睛是心灵的窗户。由此可见，一个人的眼睛包含了太多内涵，已成为别人直捣你内心的门户。既然眼睛如此关键，那么眼神作为眼睛的“代言人”，就更是至关重要的了。一个有亲和力的人，他的眼神不是凶狠的、冷漠的、讶异的，更甚是恐惧的，而是温和的，带着浅笑的，让人如沐春风的那种。所以，平时不妨多对着镜子练习一下自己的眼神，让它慢慢地柔和下来，让人一看就充满亲切感。

（3）手势的感染力。

除了表情和眼神，我们的肢体语言也能很好地表现我们的亲和力，比如恰到好处地散发友好讯息的手势，就能拉近我们和别人的距离。比如一次轻轻的握手，一个温暖的拥抱，一个带着鼓励的加油手势……都能帮你传递亲和的力量。当然，任何一个手势，都要自然而然，如果太过刻意或忸怩，反而会有矫揉造作之嫌。所以，当你用手势向别人表达友好的时候，一定要是发自内心的。

哈佛心理锦囊

相信没有人不希望自己变成一个有吸引力的人，那么，不妨让自己充满亲和力吧！当你给别人带去温和的感触，你所得到的反馈，也将是温和适意的。至于亲和力的练就，其实并不难，哪怕只是一句贴心的问候，一个礼貌的称呼，一个友好的微笑，一个赞同的手势，甚至是一个默契的眼神，都会将你的亲和传递给对方。当你成为一个亲和的人，你会发现，你的人生之路，变得畅通无阻。

“名片效应”，因为相似所以亲近

不知道有没有人注意到，当几个人在一块聊天，本来大家都在有一搭没一搭地搭着话，个个心不在焉，整个氛围显得死气沉沉，结果在忽然有人谈及某个话题的时候，另一人会发出高昂的呼声：“对对对，我也是！”接下来，气氛就顿时变得活跃起来，而那两个有着相似经历或相同感触的人，则成了话题的制造者和积极的回应者。这样的例子在我们的生活中并不少见，只是没有引起大家的足够注意而已。在我们的日常交际中，有一种“名片效应”与之相类似。但与之不同的是，“名片效应”是一方主动表明自己与对方的态度、价值观、经历或心情等相同，目的在于利用这种相似性，使对方对自己有一定的亲近感。

人与人交往，最难得的是志趣相投，肝胆相照。所以，即便是在生意场上，一个和自己性格相像或手段类似的敌人，都会让人没有那么深的仇视感和厌恶感。从这个角度出发，我们不难得出这样的结论：当别人与你在某些方面相似，即便你在此之前从未见过他，也会对他有一种久违的熟悉感。这就是所谓的“名片效应”。这种效应的实用范围是多方面的，比如交友和择偶。甚至有调查显示，当一个人在几个或者几十个异性中，只对其中一个产生好感或者萌发情愫的时候，这个人一定是在外貌上与之相似度很高的人，或者是最让他有熟悉感的人。

曾有过这样两个极其有趣的心理实验：在某个实验中，一些人被要求看另一些人的照片。当然，照片的出场率是不均等且不定的，有的照片只出现了两三次，有的却出现了二十多次。最后，心理专家让被试说出他们比较有好感的人，结果，受欢迎率最高的，就是那些照片出现次数最多的人。另一个实验与之类似：心理专家安排了一些女性来集体试喝几种不同的饮料。当她们各自喝完一瓶以后，又集体转移到另外一个房间。在转移的过程中，她们会偶遇六个未曾相识的女人。心理专家明确规定，不让她们彼此有任何交流。这样的转移和偶遇进行了五六次，而六位女人露面的总次数也不相同。最后，专家让试喝者选出她们偶遇中最喜欢的一位女人。结果发现，那些被喜欢的女人，都是出场次数较多的。

这两个实验证明，在人们的潜意识里，熟悉感最讨人喜欢。当然，若要深究起来，这里面不乏先入为主的因素。不过，由此也可以推断，当人的大脑被要求做出印象反馈的时候，最先涌出来的，一定是印象最深刻的，而这个最深刻，便是非“最熟悉”莫属了。为什么熟悉感更容易讨人喜欢呢？究其原因，是因为它能拉近人与人的距离。

里根在竞选总统的时候，其迎合选民的手法是多样而富有吸引力的。

当他在向一群意大利血统的美国人做演讲的时候，就会说："每当我想到意大利人的家庭时，最先涌现在我脑海的，就是温暖的厨房，以及更为温暖的爱。有这样一家人，他们住在一套比较狭小的公寓房间里，最后他们决定举家迁到乡下的一座大房子里去。这时，有人问这家 11 岁的小儿子汤姆：'你喜欢你们的新家吗？'孩子答道：'我们都很喜欢，因为我有了自己的房间，我的兄弟们姐妹们也都有了自己的房间。不过最可怜的是妈妈，她还得和爸爸住一个房间。'"听罢故事，这群意大利人都笑了起来。

这个笑话虽然并不深奥，却成功地拉近了里根和选民的心理距离，有效地推销了他的风趣形象。在此，他所使用的，就是一种名片效应。俄罗斯心理学专家纳季拉什维利提出"名片效应"的时候指出，名片效应指的就是在人与人的交往过程中，如果表明自己与对方的态度和价值观相同，就会使对方感觉到你们之间有更多的相似性，从而更快地缩小彼此的心理距离，结成良好的人际关系。所以，结合以上的案例，我们也许可以这样认为，如果我们想要与人快速地建立友好关系，最有效的方法就是与人拉近距离，让对方有充分的情感理由来接纳你。无疑，我们前面所说的制造熟悉感便是拉近人与人距离的最佳途径。

说了这么多，我们不妨来注意几个名片效应的要点：

（1）善于捕捉对方的信息。

当我们有明确的交往目的的时候，一定要主动出示自己的"名片"。而它的前提就是要掌握对方的信息。如果你擅长识人术，那么对你来说这个环节就显得简单极了。但是，对于那些不擅长识人术的人来说，则需要掌握一定的捕捉对方信息的技巧。这些技巧，可以是察言观色，也可以是多方打听、四处搜集，总之，一定要是准确而多方面的。

（2）筛选信息。

在我们获取了对方的信息之后，不要急于出示自己的“名片”，而要整合这些信息，对它们进行分类和筛选。如果信息是比较大众化的，那么可以弃之不用，因为这很难引起对方的特别反应；如果信息是负面的，那就更不能用了，如果你不小心提及相关方面的话题，说不定会立即引爆对方的抵触情绪；如果信息是正面而独特的，那么你可以选用，因为这些经历有可能是他最引以为豪的，而且一直在等着有人与他共同言说。

（3）寻机展示“名片”。

在捕捉和筛选完信息后，我们就要寻机展示“名片”了。所谓“万事俱备只欠东风”，并不是只要在见面的情况下就可以展示你的“名片”，而要寻找一个最佳时机。这个时机，最好是在只有你们两人的情境下完成。如果人太多，场面太混杂，则不容易引起对方的共鸣，或即使引起了他的共鸣，也怕被人无意中打断。总之，一定要在一个万全的时候，递出你不同凡响的“名片”。

哈佛心理锦囊

“名片效应”告诉我们，在与人交往时，要善于根据对方的好恶来向对方介绍你自己，展示你自己，从而为自己发放一张独特的“名片”，以此拉近你与对方的距离。都说“人以群分，物以类聚”，当你不露痕迹地把自己划归到与对方同一个队伍里，那么对方自然会在潜意识里把你当自己人看待。这就是“名片效应”的神奇作用，它让人与人之间因为相似而亲近，因为亲近而相亲。

把快乐传递给别人，与世界同乐

快乐是我们最常见和最常经历的一种情绪体验，不管一个人的经历有多坎坷，他的一生，一定会尝到快乐的滋味。但是，我们几乎都会有这样的想法，即一个人的快乐只是他自己的事。他成功了，所以他快乐；他恋爱了，所以他快乐；他乔迁新居了，所以他快乐……他不知道，当他因成功而快乐的时候，他的家人和朋友也会跟着很快乐；当他因恋爱而快乐的时候，他的父母、朋友和他的恋人也会因他的快乐而乐；当他因入住新房而快乐的时候，他的家人、父母甚至同事也会因他的乔迁之喜而乐。可以肯定地说，没有人的快乐是只能独自享用的，“见者有份”对它来说才是最适用的。

哈佛大学教授尼古拉斯·克里斯塔基斯和加利福尼亚大学圣迭戈分校的教授詹姆斯·福勒共同完成了一个“快乐传染”的实验。他们二人发现，快乐情绪能够感染亲人、朋友、邻居和室友等。他们还估算出，如果社交网络中有一个人感到快乐，其朋友和兄弟姐妹感到快乐的可能性分别会增加 9%到 14%，而室友和邻居的这一可能性分别会增加 8%到 34%。同时，他们还证明，快乐通过人际传播，最多能持续传播 1 年、影响 3 个社会圈子的成员。据推算，当某个群体中有一个人感到快乐时，他的快乐情绪可能会感染给“朋友的朋友的朋友”的可能性为 5.6%。这意味着一个人的快乐情绪比 5000 美元更能让他兴奋，因为实验证明，5000 美元只能让一个人增加 2% 的幸福感。

这项研究证明，人类的快乐并不局限于独立个体，你是否快乐也并不单单取决于你自己的行为和想法，还受到一些外来因素的影响。

有这样一个真实的事情：一天晚上，一个女孩发现朋友的QQ上的签名变成了“热恋中”，这时她自己的男友也恰巧给她发来温馨的“天气预报”，而更巧的是，当时电影《全球热恋》正在热映，于是，这个女孩毫不犹豫地就把自己的QQ签名改成了“全球热恋”。不一会儿，问询的朋友纷至沓来，她便与他们分享自己世界里的喜悦。一夜之间，至少五个以上的好友都把自己的签名改成了“全球热恋”，网上网下，一片欢乐的海洋。这个故事可真让人心情愉悦啊，本来是一个人的高兴事，却“传染”给了尽可能多的人。不管那些被感染的人是否在恋爱，至少他们都会感觉到爱情的甜蜜。

快乐的感染力是惊人的，它甚至能以雷电之速四处散播开去，把一个人的快乐，引发为一群人的狂欢。在这个现象之外，我们是否可以这样发问：为什么快乐会有如此强烈的感染力，而诸如财富、成功这一类的“高贵”名词，也未必具有如此这般的感召力？其实，很简单，就如很多人吃得比别人更多一样，只是身体需要。而快乐，也是每个人的需要。相反，人们对财富、成功等的需求度，并不及快乐。所以，我们可以肯定地说，人们对于那些非常需要的东西更敏感，也更容易接纳。

日本设置了一个叫作“终身成就奖”的奖项，之前得这个奖的都是些社会精英，而这一年，政府却将它颁给了清水龟之助。清水龟之助是什么大人物呢？不，其实他很平凡。他只是一名普普通通的邮差，一名每年如一日地快乐送信的邮差，一名在这个岗位干了25年的老邮差。当电视台的记者采访他，问他怎么会干着这么枯燥的工作还能那么开心，他便讲了这样一个故事：“有个小孩随母亲去拜佛，孩子见一个老和尚在洗仙桃，便馋得厉害，不愿跟母亲回去了。老和尚见状，便挑了一个大桃子给他。这时，孩子的母亲阻止道：‘不能给他，给了他，你就少吃了一个。’老和尚却笑着说：‘我少吃了一个有什么关系，至少多了一个吃桃人的快乐啊，而且我也跟着多了一份快乐。’从那以后，这个孩子就记住了老和尚的话，能让别人快乐，自己也会随之快乐。这个孩子就是我。”

这个故事带给我们两个讯息，即快乐是可以传染的，还有就是，传递快乐给别人的人，将和感受快乐的人一样快乐。正如有句话所说：“独乐乐不如众乐乐。”与其一个人快乐，不如与人一起分享自己的快乐，这样一来，自己的快乐就会复制成无数份快乐，而快乐本身，不是更有意义吗？所以，我们应该学习清水龟之助，主动去向别人传递快乐，让自己和身边的人一起享受快乐，营造出一个和谐欢乐的环境。

说到底，我们要想成为快乐的传递者，还得先做一个快乐的制造者。一个消极的整天悲天悯人的人，怎么可能会有发自内心的快乐呢？怎么会有心情传递快乐呢？所以，还是让我们先把自己修炼成一个快乐的人吧！

（1）生活中要多看积极的一面。

月有阴晴圆缺，人有悲欢离合，生命的色调不可能是单一的，所以，酸甜苦辣，五味杂陈，任何情绪都会体验到的。但是，让什么情绪成为你生命的主打，却是可以自我调控的。一个积极阳光的人，即使在逆境里也不会失去信心，他会用毅力来帮助自己走出泥塘，走向快乐。所以，凡事多看积极的一面，你就能更多地获得快乐的情绪体验。

（2）学会适当的情绪宣泄。

人生在世，难免遇到不顺之事，这时不要把它一直憋在心里，否则它将成为你情绪上的阴影，一直如影随形，而快乐就会躲得更远。所以，不快乐的时候，一定要宣泄出来，当你宣泄完，那些不快乐就会像雁过无痕，你也会更快地重新整理好心情，去寻找下一站快乐。

（3）对自己不要太苛求。

知足常乐。不快乐的人，往往是那些内心不容易得到满足的人。一个人的欲望越多，要求越高，他的快乐点就越高。这样的人很不容易在平凡的生活中找到真正的快乐，而他们想要的那种快乐，也许在现实生活里并不完全存在着。当你明白这一点，不妨审视一下自己对自己的要求是否太苛刻。如果是，请调整你的目标和要求，唯有如此，才会在烟火尘世中寻觅到快乐的芳踪。

哈佛心理锦囊

生活中，如果无人分享你的快乐，那么你的快乐也是浅薄的。只有当快乐成为大众的，它才实现了真正的价值。每个人都希望自己过得快乐，但并不是每个人都能时刻找到快乐。所以，我们不如把快乐传递给别人，一传十，十传百，最后变成与世界同乐，这才是快乐最好的归宿。

LESSON 7

职场不是战场，需要平常心
——职场心理学

职场不是战场，更不是走秀场。把职场当战场的人，注定会活得比较累，在胜负面前首先就输掉了好的心境。把职场当走秀场的人，会活得比较轻松，但生活的质量又不会得到保证。在职场上，比的不是谁更厉害，而是谁能生存下去，能活得久。哈佛的专家们，有很多关于职场心理的研究，让人们可以在职场上获得平衡的人生。

为别人留路，就是为自己开道

世上的路，不是条条都走得通的。“柳暗花明又一村”的事情，也不是每次都能遇上。当你走到“山穷水尽”的时候，最希望的，莫过于有人伸出一只援手了。可是，如果你平时说话做事从不给人留余地，那么，这样的希冀怕也是妄想了。

哈佛心理学家查瑞斯说：“断了别人的路，其实就是断了自己的路。”事实的确如此。当你因为一个善念而帮助了别人或为别人留了后路，在你需要的时候，他也会感念你的帮助，尽可能地来帮助你。

一天，一位绅士过独木桥。当他刚走几步，就迎面走来一个孕妇。绅士非常礼貌地转过身回到桥头，等孕妇过了桥他才走上去。这次，当他刚走到桥中央，又迎面来了一位挑柴的樵夫，绅士依旧毫不犹豫地转身走到桥头，让樵夫先过桥。樵夫过了桥后，绅士仍不敢贸然走上桥，而是等到独木桥上的人都走完才赶快走上桥去。眼看他马上就要到桥头了，桥那边却上来一位推独轮车的农夫。这一次，绅士不愿再回头，便摘下帽子，客气地对农夫说：“亲爱的农夫先生，您好，您看我都要到桥头了，您能不能退回去，让我先过呢？”农夫一听，生气地说：“我要推车赶集，正赶时间呢！”绅士听了很生气，便和农夫争执起来。这时，河面上漂过来一只小船，船上坐着一位僧人。两人都叫僧人给他们评理。

僧人听了事情的原委，便问农夫：“你真的那么着急吗？”农夫回答说："是啊，我真的很急，晚了集市便散场了。"僧人说："既然你那么着急地要去赶集，为什么不尽快给绅士让路呢？你只需退几步，绅士就可以过去了，绅士一过，你不就能够迅速地过桥了吗？"农夫无言以对。

僧人又笑着问绅士道："你为什么一定要农夫给你让路呢？你也可以给他让啊。"

绅士辩解道："可是，在这之前我已经给很多人让过路了，而且我已经快要走到桥头了。我觉得应该是他让我。"

"那你现在不也过不去吗？"僧人反问道："你既然已经给很多人让了路，又何妨再让一次呢？即使你依旧过不了桥，至少也保持了你的风度，这样不好吗？"绅士也羞愧地低头不语了。

人生的旅途中，这样的际遇是司空见惯的了。可是，真正能做到为别人留路的人，却并不多。就像这位农夫，只急自己所急，而丝毫不考虑别人的利益；就像这位绅士，本来心地很善良，很有风度，却依然放不下一些小小的私念。这就好比在职场上，如果总是从自己的利益出发，总是以一种要战胜别人的心态来对待同事，那么，他是无法做到为别人留路的，当然，在他自己遇到难处的时候，也不要妄想得到别人无缘无故的帮助。

夏雨大学毕业后，就职于一家电子企业，而且一干就是三年多。可能是在一个地方待久了，而且总觉得没做出什么成绩，于是他决定跳槽，去一个新的环境继续打拼。

离职前，这家电子企业的老板专门抽空和夏雨聊了一个多钟头，给他提了一些有用的建议，并亲自将他送出了办公室。老板的真诚让夏雨备受感动，说来奇怪，对他来说，这个工作了三年多的地方并未给自己留下什么特殊的记忆，可这最后的离开，却给他留下了极其深刻的印象。

到了新单位后，夏雨的部门多次和之前的那家企业进行合作，后来发展为两家企业之间的稳定合作。这一切都要归功于前老板的为人处世之道，他给夏雨留足了面子，也给自己留了一条后路，最后实现了双赢。

经常有人说，职场如战场，这是比较偏激的。如果你把它当战场，那么只能证明你的心态不平衡。如果你以一种友好的团结的态度面对你的同事和领导或下属，那么，你们之间的气氛便会变得很融洽，会心往一处想，劲往一处使，然后也不会因为利益的争斗而机关算尽，两败俱伤。说来说去，就是说话做事，不要做绝了，要学会给人留路，也会自己开道。

那么，要怎么才能做到与人友好相处，互留余地呢？下面的一些小技巧可供参考。

（1）学会控制自己的逆反情绪。

职场中，每个人都希望得到别人的认同和赞美。可是，每个人都有自己的思想，难免会有些碰撞。当别人与自己的观点不同的时候，本能的反应就是抵抗。而在抵触情绪之下，很难清醒地分析对方的观点，更听不进去对方说的话。这样一来，就很容易受逆反情绪的影响，而做出极端的事情，其后果就是断了别人的后路，也断了自己的后路。所以，我们一定要学会控制自己的逆反情绪。

（2）学会客观地看待别人的优点和自己的缺点。

职场中，有人被提升，有人被嘉奖，有人被冷落，都是很正常的。可是，一些人看到别人青云直上的时候，总会心生嫉妒之情。这种嫉妒的心理，会加重人的自卑或自负，并刺激他的报复欲望，然后做出一些不体面甚至不道德的事来发泄自己的不平心理，如在背后中伤别人等。

其实，我们只要学会了客观地看待别人的优点和自己的缺点，就会清楚地意识到，别人被提升，有他被提升的道理；你原地踏步，也不是无缘无故的。而你最应该做的事，就是改正自己的缺点，学习别人的优点，而不是做些出格的事情来打击别人，不给别人留后路。

（3）学会尊重每一个同事。

如果你想在职场中快乐地工作，就要学会和人融洽地相处。如何才能与人友好相处？就是要懂得尊重每一位同事，哪怕他只是清洁工人。当你所处的环境和谐而快乐，那些阴暗的消极的东西就不会光顾。而所谓不给别人留后路的事，发生的概率也甚微。

哈佛心理锦囊

俗话说“三十年河东，三十年河西”，不管现在的你站得多么高，都不要肆意地去伤害别人，或把事情做绝。要知道，风水轮流转，倘若哪天你与对手的身份调换了，你又情何以堪呢？老话说得好，“做人要厚道”，厚道一点不会错，你为别人留路，也就是为自己开道。

享受工作，让谋生变成一种快乐的体验

哈佛心理学家们曾做过一项调查——“有多少人把兴趣变成了工作？有多少人把工作当成了爱好？”结果显示，二者的比值都很小。这就说明了一个问题：大多数人既不是因为喜欢才工作，也不会因为工作了就喜欢。这个问题是令人焦虑的，因为工作几乎会陪伴我们的大半生，如果我们不能快乐地工作，那就预示着我们的大半生都无法快乐。

事实上，世界上没有哪一样工作是绝对快乐的。哪怕你是资产上亿的老总，也不会觉得付出心力赚着钱是件无比快乐的事。换句话说，谋生不可能是一件纯粹快乐的事情。如果我们认识到了工作的本质，就不会整日怀着这样那样的抱怨而工作。那些视自己的工作为鸡肋的人，既不满足于现状，又没有足够的能力或胆量放弃，于是就日复一日地在抱怨中工作着，最后也无法做出什么大的成就。

一位心理学家曾经为了探究人们对同一工作在心理上所反映出来的个体差异，来到一所正在修建中的大教堂，对现场正在干活的建筑工人进行采访。

心理学家问第一位工人道："请问您这是在做什么呢？"

工人无精打采地回答说："在做什么？你不是看到了吗？我正在用这笨重的铁锤来敲碎这些坚硬的石头。这些该死的石头真是够硬，害得我手臂都麻木了，这工作苦呀！"

心理学家又问第二位工人道："请问您这是在做什么？"

第二位工人摇着头说："你不是瞧见了吗？我正在做着敲石头的粗活呢！唉，要不是为生计所迫，谁愿意为了50美元的工资，整天做着这么累的活啊！"

最后，心理学家又问第三位工人道："请问您在做什么呢？"

第三位工人精神抖擞地说："我正在敲石头呀，为修建这座雄伟壮丽的大教堂做准备。等教堂落成之后，这里将会迎来很多人做礼拜，想想都挺激动的。我觉得自己的工作非常有意义，干劲十足！"

一样的工作，一样的环境，对于不同的工作人员来说，却有着截然不同的感受。很显然，在第一位工人看来，这份工作毫无乐趣可言。如果他继续以这种态度工作下去，很有可能会不小心丢掉这份工作，当然，以他这样的心态，即使换了别的工作，也一样不会快乐。而第二位工人，他只是为了工作而工作，不但没有细心地体会工作，也没有用心去改进工作质量，所以，他的工作也不会给他带来幸福感。而第三位工人，他非但不抱怨，还以饱满的热情投入工作，感受工作带给自己的成就感，所以，他在具备高度的责任感和创造力的同时，也充分享受着工作的乐趣和荣誉。我们可以预见，他的工作前景一片大好。

小李是一名仓库管理员。大多数时候，空空的仓库就只有他一个人，工作很是枯燥。可是，小李却很爱他的这份工作，他说在这里可以看到各不相同的货物，有时候也会有很多人来这里装货、卸货，即使没有人的时候，他也不觉得憋得慌，因为他利用这些时间特别研究了一套货物的堆放方法，这样一来，找货的人既省时又省力。他说，他还会趁没人的时候放松一下神经，这样的感觉棒极了。

一次，小李在与朋友聚会的时候说："人活着，反正都必须得有份工作，何不把它努力地做好呢。如果真的感觉单调了，就把自己当成一部机器，这样也挺好的。机器一生都在重复着相同的工作，却从不会抱怨单调或无聊。"

正是因为小李有了这样的好心态，才会在简单的工作中享受着各种乐趣，才会把这样一份在别人看来很单一的工作，做得津津有味。其实，每个人做一份工作做久了，都会感觉厌倦，同时失去工作的兴趣和热情。为了保持工作的热情，我们就应该像小李一样，用积极的态度去不断地发现工作中新鲜的一面，以此来有效地提高工作效率。

那么，如何才能从工作中发掘出新鲜和乐趣呢？不妨试一试下面的小妙招吧！

（1）慷慨地给自己一些小奖励。

我们不妨对自己慷慨一些，在你完成一项持续很久的工作之后，可以听从心底的声音，为自己买一件心仪已久的衣服，或一本一直舍不得买的杂志，或吃一顿难得的丰盛晚餐。这样，我们就会自然而然地对工作充满热情与期待，至少不会很排斥。

（2）改变一贯的工作方法。

工作如同生活，它的枯燥在于一成不变。如果你总是用同一种方式或套路来工作，那么难免会感觉索然无味。这时，不妨试着改变一下一贯的工作方式，通过寻求新的方法来提高自己的工作热情。

（3）努力为自己营造一个良好的工作环境。

很多时候，环境也会影响心情。同样，环境也会影响你的工作效率。如果你的办公桌总是和别人的一样，那么，你会觉得很呆板，从而提不起工作的兴致。这时，不妨通过一些小小的改变来改善自己的环境，哪怕只是换一个漂亮的水杯，或买一盆植株，也能让自己的工作环境呈现出新的活力。这样一来，你的工作兴趣就又会被重新勾起了。

哈佛心理锦囊

快乐并不是可遇而不可求的事，我们可以主动地去找寻快乐。工作亦是如此。与其一边抱怨一边不甘心地工作，不如花时间去不断地发掘工作中的乐趣，唯有如此，我们才能享受工作，才能在谋生的过程中体验到快乐。

发现自己的长处，并经营长处

有句话说得好："不管来自何方的河流，它的源头都在高处。一生中无论你怎样东奔西突，最终用来谋生的还是你的长处。"每个人都有自己的长处，而它便是上天赐予我们的最珍贵的礼物，是有别于他人的我们自己的专属。

世间生灵，各有所长。鸟因有翅膀而翱翔高空；鱼因擅水而遨游江河湖海。人类也一样，依靠自己的特长，在这个竞争激烈的生存空间，博得一席之地。若动物和人类都抛弃了自己的长处，那么，它也只能在生存竞争中成为优胜劣汰的牺牲品。

太太药业董事长朱保国在向媒体总结自己的成功经验时说，他的成功只有七个字：经营自己的长处。

20世纪80年代，作为专业人才的朱保国受到了新乡市政府领导的器重，在走仕途与办企业的双重机遇下，他选择了办企业，而且是到全市效益最差的化工厂当厂长。朱保国说，我深知自己的性格特点，对看不惯的事情一定要说出来，这一点不适合走仕途，但对于办企业却是长处。

因为发现并经营好了自己的长处，于是，官场上少了一个平庸的朱保国，而企业家的队伍里却多了一个有个性的朱保国。后来，他转战深圳，凭借敢说敢干的精神，实现了自己创办企业王国的梦想。

可以说，朱保国的成功，是以他的长处为奠基的。但是，只有奠基还不行，还要不断地加牢加固，所以他一直不懈地经营着自己的长处，才促使他最后拥有了属于自己的理想王国。其实，还有很多的大人物，他们成功的诀窍之一，就是经营自己的长处。在人生的坐标里，如果一个人站错了位置——用他的短处而不是长处来经营生活，那么，他的路不但难走，而且成功的概率非常小。反之，则很容易在自己擅长的领域做出一番成就来。

李杨是一家公司的小职员，因为他的英语口语很棒，所以老板非常重视他，经常带着他去和外企客户谈生意。当然，李杨也从未让老板失望过，每次都能用他的专长为老板获得订单。李杨心里非常清楚，是英语这个特长让自己在公司站稳了脚跟。

有一次，老板又带着李杨去和一家外企谈生意。谈的过程很顺利，只是最后，客户提出要他们用英语写一份计划书，老板信心十足地同意了，并当场就把这个工作交给了李杨。这下可把李杨难住了，因为他只是英语口语好，写作方面就不那么尽如人意了。

李杨思来想去，最后还是遗憾地告诉老板自己写不了。老板情急之下找了另外一个同事来写这个计划书。从那之后，老板变得不再像以前那样重用李杨了，即使是见重要的外企客户，也不再每次都带着他。久而久之，李杨有了危机感。于是，他开始很努力地学习英语写作。不但利用了所有的业余时间，还报了个英语补习班。

不久后的一天，李杨帮老板送一份英文文件给客户，并在中途发现了一处不容易被发觉的严重错误。于是，他悄悄告诉了老板，使公司避免了一大笔损失。事后，老板对他突飞猛进的英语写作水平感到很好奇，便问起缘由。李杨说："我知道英语口语是我的长处，但我不能裹足不前，只满足于口语这一方面。我要经营自己的长处，让自己的知识变得更全面，更具竞争力。”

于是，李杨又重新得到了老板的赏识。最后，经过老板的提拔，还坐上了客户部经理的位置。

有长处固然是件幸事，但是长处不会因为你拥有它就变成了你的专利。在社会竞争如此激烈的当下，总有人比你的水平还高，两者一比，你的长处也就没有了价值。所以，无论你通过自己的长处获得了多么稳定的工作，都应该保持危机感，要懂得不断经营自己的长处，让长处更加出彩。正如哈佛《商业评论》杂志里所说：“在发现你的长处之后，最重要的行动是，专注于你的长处，把自己放到那些能发挥长处的地方。”

发现自己的长处容易，但经营长处就难了。很多时候，为了生存，很多人不得不放弃自己的兴趣爱好。但真正的强者，不会在仓皇中妥协，而是不断地审视自己，找准自己的长处，并用心经营下去。讲到这里，新的问题就出来了，我们怎样才能经营自己的长处呢？下面为大家支几着。

（1）善于发现自己的长处。

人的长处并不都是凸显于外的，很多时候都要靠我们去发掘出来。这时候，我们不妨用心地审视自己，发现自己的兴趣所在，从而引领自己去发现长处。

（2）找到用武之地。

当你发现了自己的长处，还得为它找到用武之地才行。有了用武之地，长处才会发挥它最大的功效，也才会有源源不断的动力来支撑你去经营和完善它。

（3）不断地做出比较。

长处只是你的一个相对优势，但它还不能算是一个完美的优点，仍需不断经营。当你通过自己的长处完成一件事的时候，不妨把你预期的结果和现实的结果相比较，这样就可以帮助你很好地确定你的长处在哪里了。所以，不断地做出比较是促使你经营长处的推动力。

哈佛心理锦囊

每个人都是独一无二的，都有其与众不同的长处。发现自己的长处，就等于找到了一个得心应手的生存工具。当然，这还远远不够，还需要我们不断经营自己的长处。这就好比存了一笔利率最高的存款，它会使你的人生不断增值，从而实现最大的价值。

成功源于细节，细节决定成败

有人说，“做事要不拘小节”，对细节太过在乎，反而误了大事。其实，这样的说法是不正确的。卡耐基就曾说过：“一个不注意小事情的人，永远不会成就大事业。”你可千万别小看了这些细节，有时候，细节决定成败。

著名的惠普创始人戴维·帕卡德就曾感慨地说：“小事成就大事，细节成就完美。”由此可见，在一些成功人士看来，细节是不容忽视的问题。其实，仔细想想，我们的大生活，又何尝不是由许多的小细节构成呢？如果将一切归于有序，那么决定成败的必定是渺小如沙砾的细节，细节的竞争才是最终和最高的竞争层面。当今社会，社会分工越来越细，专业化程度越来越高，时代要求我们一切要做到求精细化。如果我们对细节还不能引起重视，就有可能遭到社会的淘汰。

曾经看到过一个让人痛心的新闻：美国哥伦比亚航天飞机升空 80

秒后爆炸，机上7名宇航员遇难。调查报告出来后，真相令世人震惊——造成这一灾难的罪魁祸首，竟然是一块脱落的泡沫击中了飞机左翼前的隔热系统。我们都清楚地知道，飞机的整体性能应该是毫无问题的，因为都经过了严格把关，但在关注一些技术指标的同时，科研人员却忽视了一个小小的细节，结果造成了不可挽回的重大损失。这一事件不得不令人深思。所谓细节决定成败，一点没有错啊。

职场上，细节同样重要。你不要以为老板看到的，都是耀眼的成绩，其实，聪明的老板更注重细节。说不定那些你从来不曾注意到的细小毛病，在无形中就成了你成功的绊脚石。但可悲的是，你对此毫无知觉。那么，你的人生，注定不会有大的发展。

《武汉晨报》上的一则报道，正是有关细节问题的。刚毕业于江汉大学的黄某因为一份简历而错失了一份好的工作。

事情是这样的：参加招聘会的那天早上，小黄不小心碰翻了水杯，将放在桌上的简历弄湿了。因为时间紧迫，他只好匆匆忙忙地把简历晾了一下，就放到背包里，赶着去参加招聘会了。

在招聘会现场，小黄中意于一家深圳房地产公司的广告策划主管岗位。按照这家企业的招聘流程，招聘人员将先与应聘者简单交谈，然后收取简历，最后才决定面试的人选。

轮到小黄时，小黄对招聘人员的问题答得得心应手，对方也很满意，最后便问他要简历。当小黄高兴地掏出简历时，才发现简历上不光有一大块水渍，而且经过包里物品的挤压，已经满是压痕和划痕，用惨不忍睹来形容也毫不为过。小黄小心地解释着事情的原委，最终还是把简历递了过去。招聘人员皱了皱眉头，还是收下了，放在那一叠整洁的简历里。

几天后，对方通知小黄参加面试，小黄依然表现得很出色。当面试结束后，一位负责人甚至忍不住夸奖他说："你是今天面试者中最出色的一个。"

事后，小黄以为这一次势在必得。可是，面试过了一周，对方依然没有给他任何答复。着急的他只好打电话向那位小姐询问情况。负责人不无遗憾地告诉他说："其实招聘负责人对你是非常满意的，但你败就败在了那份简历上。老总说了，一个连简历都保管不好的人，是管理不好一个部门的。所以，你以后要吸取教训，不要再让你的简历'无脸见人'了啊！"

这件事给了小黄很大的震撼，也让他从中吸取了教训，从此，他变得细心起来。因为他终于明白，一个小小的细节，往往也能决定事情的成败。

看了小黄的遭遇，我们也要在心中警钟长鸣。对于那些粗枝大叶，不把细节放在眼里的人，更要引以为戒。俗话说："职场无小事，细节出英雄。"职场中，不管你怀着多么远大的志向，都切不可忽略了那些点点滴滴的事情。不要小瞧了一些举手之劳的小事，它能从侧面反映出员工的素质和内在修养。几乎所有的上司都会乐于见到自己的员工注重细节，因为这样能有效避免一些细小差错的出现。他们都知道，很多时候，有些公司之所以失败，正是由一些小的差错造成的。作为员工，要展示完美的自己确实很难，它需要每一个细节的完善；但毁坏自己就相对容易得多了，只要一个细节没注意到，就会给你带来难以挽回的损失。

哲人说得好：细节差之毫厘，结果谬以千里。天下大事，必作于细；天下难事，必成于易。成功与失败之间的差别，或许就在于细节，谁把握了细节，谁就更容易成功。谁不愿成功呢？所以，先学好如何注重细节吧！

（1）消灭"差不多"的意识。

态度决定一切。如果你对自己要求低，那么你能获得的成功，也相对低一点。对自己严格要求的人,绝不会容许自己有“差不多”的意识。所谓“差不多”，就是将就，就是过得去就行。这样的心态就是不注重细节的表现，它的直接后果就是，你只能完成工作，而不能做好工作。所以，一个注重细节的人，从来不会“将就”了事。

（2）要从小处做起。

“一屋不扫，何以扫天下。”不要因为事情小，就去轻视它，敷衍了事或索性不做都是成功的致命之处。不论何事，实际上都是由一些细节组成的。细节的竞争既是成本的竞争，是工艺、创新的竞争，也是各个环节协调能力的竞争。做事滴水不漏、一丝不苟，才能取得真正的成功。

（3）养成认真细致的好习惯。

毛泽东曾说：“世界上怕就怕‘认真’二字。”一点没错，很多人败就败在粗心上。粗心出小错，小错酿大错，大错误大事。所以，我们一定要改掉粗心的坏毛病，养成认真细致的好习惯。即做事的时候切莫慌张，要脚踏实地地做，一步一步地走，这样才算是认真细致，才能完美地完成一项工作。

哈佛心理锦囊

乔布斯经常对他的员工说：“你不能问顾客需要什么后再给他什么，因为等你按照顾客的要求做出来后，顾客又会有新的需求，所以我们要把握好细节，超越顾客。”正是源于这样的细节要求，“苹果”产品才能久盛不衰。那些做事大而化之，不注重细节的人，无论做什么都不尽如人意；而小心谨慎，关注每一个细节的人，其事业上必定更容易获得成功。所以，让我们从现在做起，做一个认真细致的人，不再忽视任何一个小细节。

忠诚不是无条件地服从

从古至今，忠诚是人人都需要的。皇帝需要臣民对他忠诚，老板需要员工对他忠诚，夫妻需要彼此的忠诚……忠诚成了验证真心的标准，如此重要，不可或缺。

哈佛大学哲学教授乔赛亚·罗伊斯指出，忠诚具有三种表现：一是忠诚于个体，即对某一个人忠诚，如忠诚于老板或忠诚于丈夫；二是忠诚于团体，如忠诚于公司；三是忠诚于一些原则，如信仰、思想或操守。其实，这三种表现又可以统一起来。比如，职场中的我们，既要忠诚于老板，又要忠诚于团体，还要忠诚于原则。归根结底，就是忠诚于我们的内心。

王华供职于一家设计公司，是一名食品包装设计师。当初，他进公司不到一年，就因为富有才华而受到了老板的重用，很快就坐上了设计部经理的位置。五年来，他设计出的产品包装深受客户喜爱。但是公司因为管理不善，正面临着极大的危机，于是很多有名的设计公司便想方设法把他挖走，可是都被他婉言谢绝了。王华说："我入行之初，是老板发现了我的才华，给了我机会，否则，我还只是一个默默无闻的小设计师。现在公司遇到了难关，我更应坚持下去，帮助老板渡过难关，怎能无情地说走就走呢？"

正在这个节骨眼上，公司幸运地谈到了一个可以挽救"危亡"的大项目。老板对这个项目极其重视，时不时地到设计部关注进展。这天，老板又来看他们的设计，看后却对设计产品的颜色很不满意，非要把包装的颜色换成绿色。而恰好当时王华不在，其余的下属也不敢忤逆老板的意思，便只好把颜色换成了绿色。

第二天，知道了事情原委的王华来到老板的办公室，与他据理力争，一定要把颜色改回来。老板非常生气，但一想到现在公司还得靠王华，也就不得不妥协，答应王华把颜色改回来。

设计最终完成，客户验收的时候特别满意，连声称赞自己的选择是对的，说这个设计完全符合自己的期望值，特别是设计的颜色，是最大的亮点。直到此时，老板才在心里对王华佩服得五体投地，甚至庆幸他坚持了自己的颜色。

经过这次生意，王华所在的公司不但转危为安，而且名气更大，而他也更受老板器重了。

不可否认，很多时候，在我们遇到王华这种状况的时候，大多会选择向老板妥协。但是王华却没有，他有违老板的意思，坚持自己的想法，是因为他从一个专业设计师的角度出发，而不只是站在下属的角度。这恰好表现出了他对团队、对老板的忠诚，因为他深知一旦按照老板的要求更改设计，就会使设计的质量大打折扣。虽然，最后的损失是由老板承担，但他却不愿看到这样的结果。所以，哪怕老板不高兴，他也要据理力争。

朗讯 CEO 鲁索说："我相信忠诚的价值，对企业的忠诚是家庭忠诚的延续。我从柯达回到朗讯，承担着拯救朗讯的重任，这是我对朗讯的忠诚。"可以说，没有人能离开忠诚，一个人如果丧失了忠诚，他将失去一切。

那么，在职场中，我们如何才能做到忠诚呢？下面的几个小技巧，可供参考。

（1）对于老板的吩咐要尽快完成。

没有一个老板喜欢看到自己的员工拖拖拉拉，所以如果你对老板忠诚，就应该将他下达的命令快速完成。

（2）不要隐瞒老板的错误。

老板虽然是一个企业的家长，但家长也会有犯错的时候。所以，不要把老板当成圣人。当他犯了错，你应当在适当的时候有技巧地给他指出来，一定注意说话的方式，不要让老板觉得你是在否定和指责他。

（3）要把光辉放在老板的头上。

哪怕是你得来的荣誉，也一定要先捧给老板。并不是说老板一定会在意那么一点点好处，但最重要的是，你的做法能让他看到你的忠心。

（4）时刻牢记把公司的利益放在第一位。

老板请你为他工作，当然是指望你为公司创造效益，所以你的忠诚要在这一点上有所体现。如果你认为老板的某个决定会损害公司的利益，一定不要迫于老板的威严而不作声，要勇敢地指出来，如果老板依然坚持己见，那么你应该想办法把损失降到最低。

（5）对于老板的指令要懂得权衡利弊。

对于老板的一些指令，你凭直觉就能发现是错误的，是不可执行的；而有些指令，虽然是不应该执行的，但是老板对其进行了伪装，让你一时感觉不出来，这就需要在你接受老板指令的时候能冷静分析，权衡利弊。不该做的，会伤及自己利益和前程的，坚决不做。虽然你得对老板忠诚，但忠诚不代表可以违背原则。

哈佛心理锦囊

忠诚，是一个人最高贵和最重要的品质。守护自己的忠诚，坚守自己的忠诚，这关系着一个人的成败与幸福。无论何时何地，无论我们扮演着什么角色，都不能丢掉自己的忠诚。要永远坚守住自己的忠诚。当你出卖忠诚，你能获得的，只是一时的利益，但时间一长，损害的将是自己的声誉和前途。当你被贴上了不忠诚的标签后，纵使你能力超群，也很难再得到别人的信任，成功也无从谈起。但是，关于忠诚，最重要的一点是，忠诚不是无条件服从。要懂得独立思考，权衡利弊，不盲从，这才是真正的职业忠诚，也是忠诚于自己的表现。

LESSON 8

像富人一样思考
——财富能量心理学

很多穷人天生贫穷，但很多富人却并非天生富有。其实富人之所以成为富人，与他们对待财富的心理有密不可分的关系。哈佛心理专家们对一些由穷人成为富人的人进行了研究，得到的结果表明，一些成为富人的人，都有强大的内心和积极的人生态度，相信，如果你也了解了富人对人对事的态度，你也可以成为富有者。

盲目地攀比，是一种消耗品

我们作为个体生活在这个大千世界里，却不可避免地要与别人产生千丝万缕的联系。因为人与人之间有着不同的家庭背景、智商、情商、勤奋度等，所以必然处于不同的生活环境，从而形成了参差不齐、高低有别的地位、等级、种族、门第、财富等，而这些差别最是容易催生出攀比心理。

何谓“攀比”？攀比一般指不考虑自己的具体情况和条件，而盲目地与高标准相比。为了攀比，很多人绞尽脑汁编造谎言，费尽心思做足表面功夫，只为让别人仰视自己，或者不看轻自己。而这样的虚荣心，反而会让你付出沉重的代价，甚至令你倾家荡产，名誉扫地。

毕业于哈佛大学的伟大作家爱默生就说过：“生活不是攀比，幸福源自珍惜。”我们不得不加一句，攀比非但不能增长你的财富，甚至会让你的财富越来越少，因为你不得不为自己的虚荣埋单。

关于攀比，有这样一个发人深省的寓言故事：

早在20世纪90年代，“攀比先生”就已经横空出世了。有一年，住在“攀比先生”隔壁的李大妈家盖了一幢非常漂亮的小洋楼。“攀比先生”心里愤愤地想，哼，盖个小洋楼有什么了不起的，明天我要拆了我的房子盖个小别墅。

“攀比先生”还真是说到做到，第二天一大早就把自己那栋结实的老楼房给拆了，还火急火燎地找来了施工队，声称自己要盖一栋五层楼的别墅。施工队的负责人见“攀比先生”穿得破破烂烂的，怀疑他根本没钱造房子，便叫他先给自己一些订金。“攀比先生”本来就没有多少家底，所以他一心打算一边造房子一边想方设法去借钱。现在倒好，对方叫他拿订金，可他又拿不出，只好让施工队的人回去了。害得那些工人边走边骂他。工人走了之后，“攀比先生”可真是哭笑不得。这下好了，房子也拆了，连住的地方都没有了。他只好在邻居的新房旁边搭了一个临时的草棚住了下来。

21 世纪初，“攀比先生”已经 50 多岁了。按常理，此时的他该是享受天伦之乐的时候了，可他却还是光棍一个。当然，“攀比先生”孑然一身，也不是无缘无故的。早在他风华正茂的时候，他的邻居李大妈就曾给“攀比先生”介绍了一个好姑娘，两人相处得挺好，可是最后还是吹了。为什么吹了呢？还是因为攀比。某天，和“攀比先生”同村的王光棍来找他，并笑话他没本事，要靠女人才能过日子。“攀比先生”一听就急了，回头就和女朋友分了手。打那以后，再也没有姑娘愿意和他在一起了。更可悲的是，人家王光棍没过多久就结婚了。

照理说，吃了这么多次亏，“攀比先生”应该吸取教训了。可是他一辈子都没有以此为诫，最后甚至为了攀比而丢了性命。关于“攀比先生”的死，人们说法不一，有人说他是自杀，有人说他是因为攀比，而后者更客观一些。为什么说他是因为攀比而死呢？原来同村有位老人在聊天的时候，对人说自己会比“攀比先生”先死。这话传到了“攀比先生”的耳朵里，他便想也没想地跑到村里的商店里，买了两包灭鼠灵和一瓶敌敌畏。回家后就着敌敌畏就把灭鼠灵给吃下去了。临死前，他还骄傲地说：“死老头，看吧，还是我比你先死！”

这个故事看起来有点无厘头，其实令人感触颇深。“攀比先生”的一些可笑行径，在我们的日常学习生活中也比比皆是。有些人的攀比心是天性使然，有的却是被人刺激而起。但不管怎样，之所以盲目地与人攀比，问题的关键就在于，没有控制好自己的欲望和意志，同时也没有管理好自己的心态。

通过一项调查，罗伯特·弗兰克教授总结说，当很多人被问到是愿意自己挣 10 万美元，其他人挣 20 万美元，还是愿意你自己挣 8 万美元而别人只挣 8.5 万美元呢？绝大多数的美国人都选择了后者，他们情愿自己少挣，也不想让别人超过自己太多，更不愿意自己多挣的同时别人也多挣。换句话说，就是不乐于见到别人多挣。对此，弗兰克也曾在他的一篇论文中写道：“单说住房，一个人究竟需要多大的住房呢？实际上往往取决于他周围人们的住房大小。也就是说，如果他们的邻居的房子小，那他也不需要太大的房子，如果别人的房子大，那么他就需要一个更大的房子，即使他真的不需要住那么大的房子。”

综上所述，我们可以看出，一个人即使积累了再多的财富，如果他习惯于与别人攀比，那么他的财富终究是留不住的，因为“攀比”的本质就是一种财富消耗品。所以，我们不要养成攀比的坏习惯，否则再多的财富也只是水月镜花。那么，如何才能走出攀比的误区呢？下面的方法可能会对你有所帮助。

（1）做到心底无私。

攀比，归根结底就是不愿意比别人差，换句话说，就是见不得别人好。从某种程度来说,攀比是一种自私的嫉妒心理。想要克服攀比心理，就应做到心底无私。即在当今社会的各种诱惑面前，不要被利益和欲望驱使，忘记了做人的起码标准和人之所以为人的基本准则，不要攀比斗富，不求进取，从而失去心理的平衡。攀比会导致心灵上的创伤，心底无私就是治愈攀比心理的一剂良药。

（2）学会运用正确的比较方式。

从某种意义上来说，攀比属于比较的一种，且是一种不恰当的比较方式。比较本身是没有错的，正当的比较反而会形成鼓舞的力量，催人奋进。但不恰当的比较，就会让人心理失衡，连信仰也变得有偏差，这就导致他们做出一些不理智的举动。所以，要想克服攀比心理，就要学会运用正确的比较方式，正确估量自己的能力，再与别人合理而正当地比较。

（3）清楚并坚持自己的目标。

人一旦滋生攀比心理，就会扰乱原有的生活，打乱自身的目标，从而迷失方向。所以，我们一定要清楚自己的目标，并坚持不懈，不要因为不当的比较而放弃自己的理想和方向。唯有如此，才能创造和守住自己的财富。

哈佛心理锦囊

曾有经济学家这样说："如果你想得到幸福，有一件非常简单的事你能做：那就是与那些不如你的人、比你更穷、房子更小、车子更破的人相比，你的幸福感就会增加。"可现实生活中，人们往往做出与之相悖的举动，从而让自己毫无幸福感可言。所以，不管你是一个财富追逐者还是幸福的崇拜者，都要克服掉盲目攀比的心理，因为它只是一种消费品，百害而无一利。

别把吝啬当信仰，它只会让你失去更多

想必大家对文学作品中一些经典的吝啬鬼形象并不陌生，特别是巴尔扎克笔下的守财奴葛朗台，更是一个可笑又可怜的人物。他一生都贪恋着金钱，而且只认钱不认人，结果到死都在为了钱而费尽心机，不得善终。其实在当今社会，像葛朗台这样的人比比皆是。为了累积更多的财富作为自己身份的象征，他们在大肆敛财的同时，对别人也相当吝啬。这样的人，哪怕他富甲一方，也很难得到别人的认同和敬仰。

哈佛人一直崇尚着这样一条真理：当你在金钱或劳动上帮助了别人，却没有得到相关的回报时，你一定可以得到精神上的某种愉悦。这条真理归纳起来就是“助人为乐定律”，对于那些吝啬鬼来说，相当有用。

据说，“吝啬”一词是有来头的。在中国古代，有一对很好的朋友，一个叫“吝”，一个叫“啬”。这天晚上，二人相约去湖边赏月，并商定好各自准备一些酒菜。但是两个人都是小气鬼，都舍不得花钱，便都空着手来到了湖边。赏月的时候，“吝”用右手握成酒杯的形状，对着天空说：“月色如水，水是美酒，让你我开怀畅饮吧！”“啬”也立即配合，忙伸出两根指头当作筷子，并指着湖面说：“水中鱼游，鱼是佳肴，让我们大快朵颐吧！”于是二人一边赞叹着这“美酒佳肴”，一边做出享受状。路过的游人见此，都忍不住哈哈大笑起来。然后有人评论说：“‘吝啬’真是天生一对啊，这喝的是吝啬酒，吃的是吝啬菜。”从此，人们就以“吝啬”一词来形容“小气鬼”了。

其实，那些把吝啬当信仰的人，无非是不想让别人占自己的便宜，殊不知，在吝啬的同时，也丧失了自我享受的机会。所以，我们可以这样说，对人吝啬的人，对自己也不见得会大方。这样的人，其心理是阴暗的，做事也比较极端。

有一天，几个久未见面的老朋友相遇，大家相约去下馆子。这几个人臭味相投，都很小气，他们点菜的时候，都想着反正是别人付钱，不如多点一些。

点完菜后，其中一个人提议说："这样吧，等会儿服务员每端上来一盘菜，我们就用自己的姓来说一句和这盘菜有关的话，说对了的可以吃，说不上来的就付账。"大家一听，都觉得自己能占到便宜，便全票通过。

端上来的第一道菜是红烧鲤鱼。正当大家迫不及待地准备下筷时，姓姜的用筷子一挡，说："我是姜太公钓鱼，这盘鱼归我。"说完就把鱼端了过去。

第二道菜是蘑菇烧鸡，姓黄的说："我是黄鼠狼偷鸡，这鸡归我。"

第三道菜还未放到桌上，姓秦的远远一看，就说："我是秦始皇吞并六国，这菜归我。"

最后，服务员端上了最后一道菜，是个腊味大杂烩，有腊鱼、腊鸡、腊肉等，姓姜的、姓黄的、姓秦的一看有戏，个个都跃跃欲试，预备开抢。

这时，一个姓孙的朋友急眼了，因为他从头到尾什么都没抢到，还得付钱，于是，他"嗖"地站起身来，大喝一声："我是孙悟空大闹天宫！"便把桌子掀个底朝天。

这个故事真是让人哭笑不得，这群人说起来是朋友，却相互算计，都不愿吃亏，这样的朋友又是真心几何？所以，吝啬不但不是积攒财富的有效途径，还会让人无法获得真正的朋友，因为与你相交的，都是些“志趣相投”的人。同时，吝啬也是一种自私、冷漠的病态行为，它使人失去了爱心和同情心，把人与人之间存在着的各种互助关系，即相互关心、相互帮助等一一销毁，最后只剩下尔虞我诈。所以，具有吝啬心理的人很难有一个良好的人际关系。另外，吝啬的人更容易遭遇失败的人生。因为这种性格缺陷，他们在学业、事业、家庭和情感上都可能历尽磨难。因为很多人不会买他们的账，以致他们的付出总是要倍于常人。既然吝啬对我们的人生有着如此巨大的负面影响，那么我们一定要加以克服，千万不能把吝啬当作信仰，否则不但难以获得更多财富，还会失去更多。

（1）要学会自省。

吝啬的人往往以自我为中心，毫不考虑别人的想法，所以他们对自己的吝啬行为毫无知觉。这就导致他们难以改掉吝啬的陋习，甚至越陷越深。所以，我们要学会自省，学会在人生的每个阶段都考量一下自己的言行，或者通过别人的评价来发掘自身的不足。总之，学会自省的人，更容易完成自我完善，也更容易获得别人的肯定。

（2）拥有美好的信仰。

吝啬不是什么好的信仰，甚至是一种极度不好的信仰。所以，要想克服吝啬的习惯，就应该首先培养自己的美好信仰，即在精神上有所依托，让自己逐渐成为一个宽容、有怜悯心的人。这样的人，会因为帮助了别人而得到精神的愉悦，也会因为得到了别人的肯定而更加督促和鞭策自己，从而成为一个大方的、乐于助人的人。

（3）学会不图回报的给予。

任何好的习惯都是从小事养成的，如果你是一个吝啬的人，那么很难让你一下子克服掉这个坏毛病，所以，你不妨学会给予，从很小的给予开始也无妨。比如，向残疾人献出一份爱心，对困境中的人伸出你的援手，或者为朋友的成功送上一份小小的礼物……渐渐地，你会越来越享受给予的快乐——因为帮助了别人而获得的愉悦。然后，接下来的日子，给予对你来说会成为一种自然而然的行为，而吝啬，也早就消失得无影无踪了。

哈佛心理锦囊

吝啬不但不能给人带来财富，还会吞噬掉人的幸福感。因为吝啬的人把财富当作他最重要的宝贝，所以总是为这些财富的安全而忧虑不安，甚至不能安睡，难得过上一天安心的日子；另外，他们也很计较个人的得失，碰到任何事总怕自己吃亏，所以失去人情味，也失去他人的信赖和尊重。所以，吝啬是百害而无一利的，我们一定不要陷入吝啬的泥潭，而应该去追寻生命中那一片与人分享的蓝天。

疏导欲望，正确对待财富

哈佛财富心理学中有一句话："赚钱不是生活的唯一目标。"可是，对于很多人来说，积累更多的财富却是一种本能的欲望，让他们欲罢不能。

其实，拥有财富的欲望并没有错，但是如果纵容自己的欲望泛滥成灾，那就要当心了。一个成熟的人，并不是没有欲望，也不是努力地克制欲望，而是懂得理性地疏导欲望。要知道，所谓欲望，就是人们常说的七情六欲，它就像四季，像天气，是自然而然发生的。但是，如果四季不分，如果天气永远恒定不变，那就很可能酿成天灾人祸了。所以，对于财富的适度欲望是可以有的，可是一旦它有泛滥的趋势，就要及时疏导，否则后患无穷。

一位行者到寺庙中拜谒一位久闻大名的禅师，希望禅师能帮他解惑。

行者问禅师：“禅师，人的欲望到底是什么？”禅师看了一眼行者，对他说：“你先回去吧，明天中午的时候再来，记住不要吃饭，也不要喝水。”虽然行者不明白禅师的意图，但他还是照办了。

第二天，行者如约来到禅师面前。“你现在是不是饥肠辘辘、饥渴难耐？”禅师问他。“是的，我想我现在可以吃下一头牛，喝下一缸水。”行者摸着自己瘪瘪的肚子，舔着干裂的嘴唇回答道。禅师笑着说：“那好，请随我来吧。”

二人走出禅院，来到了一片果林前。禅师掏出一只硕大的口袋递给行者，说：“现在你可以到果林里尽情地采摘这些成熟诱人的水果，但必须把它们全部带回到寺庙才可以享用。”说完便转身离开了。

夕阳西下，行者肩扛着满满的一袋水果，步履蹒跚、汗流浃背地回到寺庙，走到禅师面前。“好了，现在你可以享用这些美味了。”禅师说道。行者一听，便迫不及待地从口袋里抓过两个很大的苹果，狼吞虎咽地咀嚼起来。一眨眼的工夫，两个苹果便被他消灭干净。行者摸着自己圆鼓鼓的肚子，疑惑地看着禅师。

“你现在还饥渴吗？”禅师问道。

“不了，我已经饱得什么也吃不下了。”

“那么这些你千辛万苦背回来的剩下的水果，又有什么用呢？”禅师指着那剩下的几乎是满满一袋的水果问。行者顿时恍然大悟。

现实生活中，像行者这样的人何其多。他们受欲望驱使，想方设法贪图便宜，结果反而收获寥寥无几，这就是所谓的因小失大。他们不知道，贪图小便宜就是纵容自己的欲望，久而久之，便会发展为欲望无度。所以，我们要正确评估自己的需求，千万不要盲目追求不必要的需求，否则很容易被欲望支配，犯下大错。

韩非子说："不知足者之忧，终身难解。"人一旦陷入难填的"欲壑"，想要脱身就没那么容易了。所以，我们应该时刻把持好自己的欲望，合理疏导欲望，正确对待财富，不要成为财富的傀儡。如果付诸实际行动，就是在做任何事情的时候，不要抱有过度的占有欲，不要贪多求大，刚好满足自己的需求就行，要学会满足。

（1）合理评估自己的需求。

过强的欲望，往往是因为过高地评估了自己的需求而造成的。正如有的人用尽一切正义和非正义的手段，攀上高位，积攒财富，最后却发现高处不胜寒或因东窗事发而锒铛入狱。如果他们事先对自己的需求有一个合理的评估，就不会任由自己的欲望膨胀，导致因盲目地追逐名利和财富而身败名裂的下场了。

（2）适时修剪自己的欲望。

不管是哪一种欲望，如果不及时修剪它，都会长得枝繁叶茂，无法管理。虽然欲望过盛的时候，我们可以通过疏导来避免一些事端，但是如果我们自身没有疏导的能力，那么一旦欲望发展成"参天大树"，我们就难以驾驭它了。所以，在欲望"出格"的时候，我们应及时修剪和管理它。

（3）懂得知足常乐。

欲望之所以会无度，归根结底还是因为人的不满足。如果懂得知足常乐，我们就会发现，其实需要的东西并没有那么多。就好像房子其实不用那么大，车子也不用那么贵，衣服也不用那么多……

哈佛心理锦囊

“非淡泊无以明志，非宁静无以致远。”欲望的诱惑，一不小心我们就会在心里激起波澜，原来澄澈、纯净、安宁的内心就会变得喧哗、浮躁和功利，我们就会迷失方向。只有经得住欲望的诱惑，及时修剪欲望，疏导欲望，我们才能坚守心灵的一方净土，凝神专注，独善其身，才能活得轻松自在。

吸引也是积累财富的一种手段

当今社会，对金钱的追逐似乎成了大多数人的共同目标。原因也很简单，因为在大家的潜意识里，金钱能满足人们的很多欲望，也就是说，金钱会带给人安全感。在很多人看来，诸如幸福、健康、快乐、自信等，都是金钱可以换来的，他们甚至认为，有了钱，就不用再为很多事担忧，有了钱，他们也不用再做自己不喜欢做的事情。

事实上，财富没有自动满足人需要的功能，这些功能，是人们的主观愿望和臆想。如果你认为拥有许多金钱能让自己的内心感到平和，那么让这种内在平和的特质融入到你的生活中，将是至关重要的，因为只有这样，你才会具有对更多财富的更大吸引力。所以，不要以为是财富吸引你，其实正好相反，你的财富都是被你吸引来的。

曾经有这么一个人，他逢人便说，自己想要成为一个百万富翁。而事实上，他从没有认真地想过要怎样去获得这一百万，因为他的潜意识里，自己很难得到这么多钱。对他来说，一百万仅仅是一种念想，他相信这些钱能令自己的生活变得更完美。毋庸置疑的是，他其实是希望这笔钱让自己变得更有活力，但遗憾的是他本人并没有意识到这些。

正因为他没有真正领悟到一百万对自己的意义，所以也难以觉察到自己要这笔钱的理由，更不会去规划一个切实可行的方案来予以实施。当然，他更不曾问过自己："我要怎样做才能让自己更有活力呢？"反而是他经常告诫自己说："从今以后，我要慢慢戒掉那些我感兴趣的事，我要把更多时间留给我的工作，我要更加努力地工作，虽然我并不喜欢这份工作。但只有这样，我才能积攒更多的钱。现在，我为了钱而放弃一些快乐是值得的。等我有了钱，还愁找不回这些快乐吗？"可是，事与愿违，他发现自己越来越不喜欢去工作。本来他就对自己的工作没有兴趣，现在又逼迫着自己去投入更多精力来工作，于是，很自然地，他有了厌工情绪，以至于他根本无法发挥最佳的工作状态。然后自然而然地，他的工作毫无起色。

不过，这个人并不罢休，当个百万富翁依旧是他的梦想。后来，他又尝试了一些快速致富的方法。他不但把自己那为数不多的钱都投资到里面去了，还用信用卡预借现金来投资。不幸的是，由于他没有计划周全，或者是形势不像他想象那样，反正他的钱很快就消失不见了。

几十年过去了，在他快要退休的时候，他还做着最初那份让他无精打采的工作。由于他的业绩平平，甚至可以说是很逊，所以老板连同他的那些同事，都没人看得起他。这更让他暗下决心，一定要赚到一百万，让别人对他刮目相待。于是，他又开始探索他的致富经。他一边探索着，一边想入非非：等我有了一百万，我就不用再看别人的脸色了，我要把老板狠狠地炒掉，我要做自己感兴趣的事，我要去四处旅游……

结果，他又赔了钱，仍做着那份早已厌倦的工作，看着别人的脸色，想象着如何拥有一百万……

读着这个故事，我们会发现，这个故事多么像一面镜子，照出了你和我。在追求财富的路上，谁都曾经有过梦想，谁都憧憬过，当财富来到身边，自己会变成怎样一个快乐、幸福、自由的人。可是，大多数人的结局和故事中的主人翁一样，仍在原地踏步，仍在遥想。其实，如果我们清楚地知道我们想用财富来拥有某种特质，那么不如让自己先拥有这些特质。假如我们希望在拥有了足够多的金钱之后，可以让自己不为钱的事烦心和左右为难，可以从此拥有平和的心态，那么，不如让自己在获得足够多的金钱之前，先调整自己的心态，树立正确的金钱观，淡然地面对金钱和利益。如此一来，我们即使没有很多钱，也会因为心态的平和而感觉到快乐和满足。一个心平气和的人，做起事来沉着坚持，别人也会对他充满敬畏与信任，所以，他的成功是指日可待的。这就说明，平和的心态可以把财富吸引过来。

所以，不要想着把财富拥入怀中之后，才开始过你想要的生活，因为也许到最后，这些财富对你来说都还是可望而不可即的。反之，当你一边过着梦想的生活，一边打造自己关于财富的梦想，那么，说不定财富就会被你吸引而来，从而慢慢累积。这就告诉我们，与其费尽心力地去争取财富，不如利用财富吸引法则，把财富主动吸引过来。

（1）树立正面的思维。

一个人对财富的渴望是无可厚非的，但如果这种渴望变成了一种贪婪，那就是十分可怕的了。所以，我们要对财富树立起正面的思维，即认清财富对于自己的正面意义和价值，然后从这个认知出发，通过正当的手段去获取财富。

（2）拥有积极的心态。

关于财富的吸引力法则，与之相对应的是些积极的正能量，比如快乐、平和与正直等。意即当你拥有这些积极的心态后，对于财富来说，就越发有吸引力。那些越是消极抱怨，不择手段的人，越是不能将财富吸引到自己身边来。因为他的磁场不具备吸引助力的条件。

（3）一定要胸怀大志。

这个世界，那些会赚钱的人，都是些敢想敢做、胸怀大志的人。因为当一个人胸怀大志，他必定格局大、眼界高、思路广，而对于财富的吸引力，也会比常人更大。所以，如果你想要吸引更多的财富，想要拥有财富，就请先扩展你的志向吧！

哈佛心理锦囊

当我们热衷于追逐财富的时候，却忘了自身也可以吸引财富。对于财富的积累来说，吸引法则是极为重要的。如果你想成为有钱人，那么必须调整好你的状态。如果你的状态非常好，那么你的钱也会赚得很快，朋友也会来找你。反之，你不仅状态糟糕，身体也不好，那么你会发现，所有不好的事情都会跟着来。所以，打造一个富有魅力的你自己，这样财富才会不请自来。

吃亏就是舍小利赚大钱

尽管都说“吃亏是福”，可是，仍然有人听到“吃亏”即色变。特别是一些在商场上摸爬滚打的人，更是害怕吃一点点小亏，似乎吃亏就是赔钱。其实这种观点过于偏激，因为“吃亏是福”确实是一条真理。

对于一般人来说，“吃亏是福”大多体现在修身养性上；而对于制造和追求财富的商家来说，“吃亏是福”则是通过获得财富来实现的。

《哈佛商业评论》杂志说：“吃亏是‘必修课’。”对于那些真正懂得经商之道的人来说，他们不但不会吝啬于“吃亏”，反而会通过吃亏来完成财富的累积。因为他们知道，吃亏就是舍小利，赚大钱。

20世纪八九十年代，深圳有一个农村妇女，先是给别人当保姆，后来有了点积蓄，便在街头摆了个小摊，卖起了胶卷。不过，她的经营方式很是让人大跌眼镜：一个胶卷只赚一毛钱。就这样，远近的人都来买她的胶卷。就这样，几年过去了，当别人的胶卷都在使劲涨价时，妇女却认死理，一个胶卷仍然只赚一毛钱。再后来，她的生意越做越大，还开了一家摄影器材店，不过，她的胶卷依旧是一个赚一毛钱。当市面上的柯达胶卷卖到23元一个的时候，她却只卖16元1角。不过，她这儿的批发量可大了，只要是在深圳搞摄影的人，没有不知道她的。当然，她令人记住的可不止一个胶卷只赚一毛钱的事，每当有外地人的钱包落在她那儿了，她会花很多长途电话费，直至找到失主为止；每当在匆忙中多收了顾客的钱，她也会千方百计地还给对方。很多人对她的做法都不能够理解，觉得做生意切忌吃亏。可是，事实证明，对于她来说，吃亏的是小利，最后还是会获得大量的财富。因为，在深圳，不管多牛气的摄影商，都会乖乖地去她那儿拿货。

读了这个故事，很多人可能会想，虽然这个妇女最后还是赚了钱，可是，一毛一毛地赚，得赚多久才会累积起一定量的财富啊。如果她适当地提高价格，只要比市面的价格低，就仍然会稳住那些老顾客，同时也能更快更多地赚钱。可是，大家有没有想过，当她突然间把价格抬高，哪怕是抬高一两毛钱，那些固定的客户依然会无所适从，甚至有吃亏的感觉，从而放弃继续购买她的胶卷而寻找别的商家，哪怕别人的价格比她略高或同等。所以，与其让客户“吃亏”而失掉这些客源，还不如自己“吃亏”以确保客源不流失，从而实现“薄利多销”，这位妇女的做法是明智的，也是人性化的。

著名民营企业家——新希望集团的刘永好董事长讲述了这样一个故事：1994 年的江西，希望饲料极其畅销，到最后甚至供不应求，农民们排着长队来购买。就在这当头，江西新希望饲料厂的执行厂长做出了一个令人颇为惋惜的决定：为了追求更大的经济效益，厂方用水分多的玉米做原料，用以加工饲料。这一举措大大降低了饲料成本，使新希望集团在江西赚了 500 万。不过，猪吃了这种饲料后却不长肉，这令农民失望且愤怒。这件事的影响直到今天依然还在——希望饲料在江西的业绩永远是最差的。每当提起这件事，刘永好总是不无遗憾地说：“这大概就是报应吧。”

对于商人和企业家来说，“吃亏”有着“取信于民”的功效。那些不但不愿吃亏，甚至还设套让别人吃亏的人，是没有信用可讲的。虽然不愿吃亏的人获得了眼前的利益，可却在无形中失去了别人对他的信赖，这样一来，所谓“长期合作关系”是没有指望的了。所以，要想在激烈的市场竞争中获得长久的利益和财富，就必须从吃眼前亏开始。因为唯有如此，才能树立起诚信的商业形象，这一点对于客户来说是极其看重的。

在我们积累财富的过程中，吃亏是在所难免的。如果一味逃避吃亏，或者把“亏”抛给对方来吃，那么，你根本无法建立起自己的人脉，当然，生意也是做不成的。许多肯吃亏的成功人士的经历告诉我们，只有能吃常人吃不了的亏，才能赚别人赚不了的钱。所以，该吃亏时还得“吃”啊！

（1）**做到心胸开阔。**

所谓“吃亏”，就是有所“失”。出于人的本性，自然会很排斥这种“失”。但是，如果你拥有开阔的心胸，智慧的头脑，能为对方的利益和自己的长远利益着想，那么，你就不会纠结于眼前的得失了，而是果敢地吃下眼前亏，增加自己的信用度。

（2）**不贪小便宜。**

不可否认，很多害怕吃亏的人，都比较贪图小便宜。因为喜欢占小利，所以从不愿吃亏。其实，我们仔细观察就会发现，一个人越怕吃亏越要吃亏。因为当他表现出自私自利的一面时，别人在对他反感的同时，更会不留情面地把“亏”抛给他。所以，切不可贪图小便宜，否则会在人际场上栽跟头。

（3）**学会为别人着想。**

一个会替别人着想的人，往往是善解人意的，而这样的人，也最得人心。要知道，人都有趋利的本性，你若肯吃点亏，让对方得利，就能最大限度地调动别人的积极性，从而对你心存感激并帮助你，使你事业兴旺。退一万步来讲，即使他不会心存感激，至少也不会和你树敌，因为没有人会嫌弃别人的好心。

哈佛心理锦囊

不要为一时之间失去的小利益而遗憾，要知道，吃亏是福，吃小亏往往会占“大便宜”。如果你想要积累一定的财富，就不要为争夺别人的一点蝇头小利而机关算尽。能让人处且让人，一个讲究吃亏技巧的人，往往亏吃在明处，便宜占在暗处，这也是赚钱的智慧。

勤奋的人，才配拥有财富

从传统观念来讲，财富的累积者，都是一些高智商的赚钱能手，也就是说，他们是用自己的智慧赚钱。然而，我们所不知道的是，如果一个人徒有高明的智慧，而懒于思考，疏于行动，那么，他是不可能掌管较多的财富的。正如哈佛大学高标准的入学条件一样：勤奋 + 天赋。纵使你天赋再高，有再多智慧，如果不勤于动脑和动手，一样无法达到目标。

约瑟夫·休默天资平平，但他十分勤奋，且意志坚定。他的父亲早逝，母亲则在蒙特罗斯开了一家小店铺，含辛茹苦地把约瑟夫·休默这几个孩子拉扯大。后来，母亲把约瑟夫·休默送到了一位外科医生那儿去学习，希望他长大后能从医。约瑟夫·休默毕业之后，在东印度公司获得了军校学员医生的身份。

工作后的约瑟夫·休默十分卖力，甚至可以说是狂热，我们无法找出第二个像约瑟夫·休默一样拼命工作的人了，也没有人像他那样严谨地生活。由于他的勤奋和认真，深得上司的信任，进而不断被提拔。1803 年，马哈特战争爆发，约瑟夫·休默随鲍威尔将军出征，在战争中，负责翻译的人员牺牲了，约瑟夫·休默便开始学习和研究当地语言，最后成功接替了翻译的工作，发挥了不容小觑的作用。随后，约瑟夫·休默被任命为医疗队的队长。但是，他的工作能力远不止这些，他还兼任出纳员、投递员的工作。工作越多，他就越开心，劲头也越足。同时，他还签约负责提供军需品，在有利于部队的同时，也有利于他自己。回到英国之后的约瑟夫·休默已经有了可观的积蓄，而他的事业更是蒸蒸日上。

从约瑟夫·休默的故事中，我们可以看出，勤奋不但可以补拙，还能让人爆发出巨大的潜能，甚至超过那些头脑聪明的人。所以，我们可以说，勤奋就是一个人的财富，它是点燃智慧的火把，是检验成功的试金石。对于那些天资平凡的人，只要肯勤奋地努力，终能弥补自身的缺陷，成为一名成功者。

在回答一位记者关于成功秘诀的提问时，李嘉诚讲了这样一个故事：日本69岁的著名“推销之神”原一平，在一次演讲会上回答别人关于推销秘诀的问题时，在众目睽睽之下脱掉鞋袜，并把提问者请上台，请他摸摸自己的脚板。

提问者摸了原一平的脚板后，惊奇地问道：“您脚底的茧怎么这么厚呀！”

原一平笑着说：“那是因为我比别人走的路多，跑得也比别人勤些。”

提问者顿时恍然大悟，对原一平肃然起敬。

李嘉诚讲完这个故事以后，微笑着对记者说：“我不会让你来摸我的脚板，但我可以很负责地告诉你，我的脚底也同样有着很厚的老茧。”

毫无疑问，对于像李嘉诚和原一平这样的成功人士，人们总以为他们的成功得益于过人的头脑，却忽略了最为基础的一点，即辛勤地付出。虽然说“勤能补拙”，但勤奋并非天资普通的人才需要的，任何渴望成功、渴望财富的人，同样需要。有成功人士曾经说过：“我不知道有谁能够不经过勤奋工作而获得成功。”言下之意就是说，勤奋是获取成功与财富的重要手段，也是必备手段。所以，我们可以说，成功与财富的获取，始之于勤，成之于勤。

以上这些告诉我们，不管你是稍显笨拙还是才智过人，都不要忽略和小看了“勤奋”二字。正如有人问卡笛尼，学拉小提琴要多长时间，卡笛尼回答说：“每天 12 个小时，坚持 12 年不间断。”仔细算算，卡笛尼总共花了多少时间，才成了名噪一时的小提琴家啊！所以，如果你想要积累更多的财富，不要妄图一蹴而就，而应该拿出实际行动来，一点一点去获取和积累。要知道，播下希望的种子，以勤奋耕耘的汗水来浇灌它，你才可能有丰硕的收获。

既然如此，那就让我们从今天开始，成为一个“勤奋”的人吧！

（1）要有良好的动机。

勤奋不是无目标性的忙碌，而是朝着一个方向不懈地努力。不管做什么事，动机都是必不可少的，它会给你提供目标和方向。可以说，动机是直接推动你勤奋的一种内部动力。它不仅让你的勤奋有一定的指向性，还会让你产生主动积极的态度，使你的注意状态和兴趣状态持续地保持下去，即使遇到困难也有克服的意志力。

（2）施加适当的压力。

“挑着担子跑得快。”当人有了压力，才会在潜意识中产生勤奋的动力。这就是说，勤奋的动力不仅来自清晰的目标和动机，还有适当的压力，在二者的作用下，你的勤奋才会持久而且充满激情。当然，这里所说的压力，只是适当的。如果压力太大，反而适得其反，它会让你不堪重负，产生看不到未来的茫然，这样的压力根本不可能引导你发奋和努力，更不可能让你实现勤奋的持久、连续。

（3）让自己不断地成功。

曾有研究发现：“当人们达到他们的目标时，其动力与能力就会猛增。”所以，如果你想要持之以恒地为一个目标勤奋努力，那就先确立一个个小的目标，让自己不断地实现这些小目标。于是，在向那个最后目标努力的过程中，你就会因为不断地成功而充满了鼓舞的力量，从而对你勤奋的最终目标充满了兴趣和信心，并因此而更加努力，以期让自己获得最后的成功。

哈佛心理锦囊

希腊谚语说："人们真正的财富是劳动的本领。"拉·封丹也说："要工作，要勤劳，劳作是最可靠的财富。"通往成功的路有很多，获取财富的途径也很多，但无论你有着多么聪明的脑袋，要想从中寻找捷径，都离不开"勤奋"二字。俗话说："勤奋是金。"当你为了自己的目标而辛勤努力，你就会逐渐积累起一定的财富，因为勤奋就是财富。

LESSON 9

成功不等于圆满
——成功心理学

“人生追求的是什么？”当这个问题被抛出的时候，许多人的答案，都会是“圆满”二字。但就因为对“圆满”的心理追求和心理期待，给成功设了许多的障碍。我们身边有圆满的人吗？似乎很难找到。所以，我们也不要把圆满当成衡量我们是否成功的标准。成功也不是一成不变的，做好人是成功，做好事也是成功，我们需要懂得一点成功的心理学，在追求成功的路上少走一些弯路。哈佛有一门专为成功心理学开辟的课程，其中有很多值得我们借鉴的知识。

成功首先来自选择

在生活中，我们总是要面对各种各样的选择。选择学校，选择工作，选择配偶，等等。虽然这些选择有大有小，但是每一个选择都是至关重要的。因为每一个选择都代表着一个方向，你选择了它，就代表着必须按照它的方向前进。如果你中途后悔，折身回来，那就意味着你的一些努力已经白费；如果你走到终点才发现路的尽头不是你想要的风景，那么，为时已晚。所以，在我们做每一个决定之前，一定要慎重。只有选对了路，你才能获得想要的成功。

很多人都会有这样的迷惑：为什么我如此勤勤恳恳，努力奋发，却总是不能获得成功？这时候，你就应该反省一下，自己选择的这条路，是否正确，是否适合自己呢？要知道，成功没有捷径，关键就在于选择的正确与否。如果你选择了一个错误的方向，越努力离目标就会越远。这就是所谓的“失之毫厘，谬以千里”。所以，选择面前，一定要审时度势，要多问自己想要干什么，想要怎么做，想要得到什么样的结果，在明白自己想要什么之后，再进行果断地选择，这样一来，成功的胜算才会大。

有一个十分勤奋的年轻人，他各方面条件都比身边的人优秀，可是，身边的人总能获得不同的成功，而他，似乎从未成功过。为此，他觉得上天对自己很不公而苦恼着、悲愤着。这时候，他听说不远的山里有一个智者，便毅然决定去向智者求教。

智者听了年轻人的讲述以后，叫来了自己的三个弟子，叫他们和年轻人一起到山里去砍柴，每个人只要砍一担自己认为最满意的回来就行了。

当年轻人和三个弟子赶回来的时候，智者已经在原地等候他们了。只见年轻人汗流浃背地扛着两捆柴，踉踉跄跄地走回来，而两个弟子一前一后地跟在年轻人身后。前面的弟子用扁担左右各担四捆柴赶着路，看样子也不是很累，而后面的弟子则空着手轻松地跟着。

就在三人放下柴时江面划来一个木筏，只见上面载着第三个弟子和八捆柴。须臾，木筏停在了众人的面前，大家你看我，我看你，都不作声。

智者问："你们都对各自的表现满意吗？"

年轻人擦着满脸的汗水说："大师，请您再给我一次机会吧，我一开始也砍了6捆柴，可是扛到半路实在扛不动了，便扔了两捆。后来，越扛越吃力，我就又扔了两捆。虽然我只扛回来两捆柴，可我真的尽力了。"

另外两个弟子也说："我俩每人只砍了两捆柴，然后我们把这四捆柴用扁担挑着，跟在年轻人身后，走一段又轮换着挑一会儿，并不怎么累。这不，半路上我们还把年轻人丢掉的柴一并挑回来了。"

而用木筏的弟子则说："我个子小，力气小，不要说两捆，就是只有一捆，我也不一定能扛得回来。所以，我想了想，只好选择了水路。"

智者听完各人的说辞，轻轻地点了点头，然后对年轻人说："一个人坚持走完自己的路固然没错，但更关键的是，走的路是否正确。"

年轻人恍然大悟。

故事中年轻人的经历，对于我们很多人来说，也是感同身受的。很多时候，我们努力了，却无法获得成功，这不能不说是令人十分沮丧的。这时候，如果我们再把其中的原因归结于时运不济，那么，毋庸置疑，我们将会继续“有志难酬”。就像这位年轻人，即便他以后付出再多努力，做再多尝试，如果他不改变自己的努力方向，那么终将难以获得满意的结果，更无法超越他人。

所以，在生活中，我们一定要做个“明白人”。何为“明白人”？就是能够明确自己该做什么，不该做什么，然后适时地选择该做的事情，走正确的道路，这才是获取成功的宝典。

（1）明确自己的人生观。

在不明确自己的人生观的情况下，任何努力都有可能是冒险的。只有在明确了自己的人生观之后，我们才能基于自己的人生观，对人生的每一个选择做出最佳的决断。因为一旦你的人生观明确了，那么你才会在进行每一次选择的时候，有意无意地围绕这个观念来衡量和展开。你要相信，以自己的人生观为基础的选择，都不会太离谱。

（2）不要随波逐流。

很多人在做选择的时候，都会以别人的选择作为参考，这是极为错误的。因为每个人都有其特质，都有与之相匹配的发展方向，如果一味随波逐流，甚至照搬别人的选择，那他最终就会失去本真，以致难以顺利完成目标，这样的选择往往是得不偿失的。

（3）寻求最佳目标。

当我们面临选择的时候，经常会遇到难以抉择的情况。也就是说，我们会同时发现多重目标适合自己，可是，我们却只能选择其中一个。这时候，很多人的“选择恐惧症”就会出来作祟。其实，我们大可不必纠结于此，只要寻求最佳目标就好。即经过估量和评测，选出利益较大，可行性较高的那个。

哈佛心理锦囊

不要再哀叹自己的付出与回报不成正比，也不要羡慕别人“随随便便”就能获得成功。当你懂得了成功首先取决于选择的道理，你就会明白症结之所在了。所以，只要记住，有什么样的选择，就会得到什么样的结果，那么在做任何选择的时候，你才会量体裁衣，做出最佳选择。

正视失败，才能走向更辉煌的成功

在哈佛的毕业典礼上，《哈利·波特》的作者J.K.罗琳说：“虽然你们大多不会失败得很惨很彻底，但你们不可能不在任何事情上没有任何程度的失败。如果你因为生活谨小慎微而没有任何失败，那么这样的生活本身就是失败的。所以，我认为，失败有一些意想不到的好处。”

是的，没有谁的人生是一帆风顺的，哪怕你富可敌国，身居高位，一样会遭遇失败。因为不管我们做任何事情，都会存在阻力和干扰，当这些阻力和干扰大过于我们的能力和毅力，那么我们就会走向失败。但是，失败并不就是一无是处的，它可以给你提供经验和教训，让你“吃一堑长一智”，避免再犯同样的错误；它还可以磨砺你的心智，让你能勇敢面对人生的不如意，增强自己的意志力。所以，当我们遭遇失败，不要逃避，也不要自暴自弃，而应该勇敢地正视它，并吸取教训，努力归正自己的言行。

诺贝尔奖可谓是最著名的科学奖项了，它几乎代表着科学世界的最高成就。但是，大家也许没有注意到，有一个民族获得的诺贝尔奖是最多的。如果你想知道答案，那么诺贝尔评委会会不假思索地告诉你——犹太人。事实上,如果你知道犹太人是一个“从地狱里走出来”的民族，他们曾经经受过最深重的苦难,他们的世界曾经可以用“炼狱”来形容，那么，你们就不会为这个答案而感到惊讶了。

犹太人最初也过着安定的日子，他们定居在耶路撒冷，之后逐渐繁荣，特别是在所罗门的领导下，创造了辉煌的犹太文明。然而，就是这块富饶之地，却招来了众多国家的垂涎，并引发了一系列的战乱，给犹太人带来了巨大的灾难。由于耶路撒冷附近地势平缓，没有山脉之类的天然屏障，所以单凭脆弱的城墙是不足以抵御外敌入侵的。最后，犹太人失败了，他们被奴役，被流放，甚至被押到巴比伦去坐牢，即史上著名的“巴比伦之囚”。在经历了无数的血雨腥风后，犹太人彻底地失去了他们的国土，开始流亡的生活。从此，这个被沦为无家可归的民族，渐渐被人所遗忘。曾经的伊特鲁利亚人、赫梯人、西哥特人等，都是在这样的四处流亡中，最终消失了。可是，犹太人却努力抗争着被灭亡的命运，他们虽然流落异乡，却团结一致，连续地创造了一个个奇迹。在第二次世界大战期间，犹太人不幸面临了空前的灭顶之灾，在种族主义的迫害下，成批的犹太人被残忍地杀害，但是，他们依旧没有放弃没有投降，而是坚强地挺了过来。第二次世界大战以后，犹太民族的“复国主义”兴起，那些四处分散的犹太人又全都重返耶路撒冷，重新建立起了新的国家。如今,经过了岁月的洗礼,犹太民族不仅告别了“乞丐岁月”，还在各个领域都获得了举世瞩目的成就，为人类的发展做出了巨大的贡献。

于是，有学者开始研究犹太人成功的秘诀。他们中的很多人认为，犹太人的成功得益于他们的经历和信念。

从下面这个小故事中，我们就可以看出犹太人的信念。

一个犹太人和她的小女儿玩游戏，小女孩从一米高的地方往下跳，父亲在下面接住，如此反复地进行着。就在他们玩得不亦乐乎的时候，父亲故意松手，让女儿摔在了地上。在我们看来，觉得不可理喻，作为父亲，怎能这样对待自己的女儿呢？小女孩也觉得十分委屈，便坐在地上大哭起来。可父亲不但没有去扶她，更没有说半句安慰的话。见女儿一直赖在地上不肯起来，父亲才说："我知道你心里一定很恨我，认为我故意让你摔了一跤。可是你要明白，任何事情都不会是一帆风顺的，每一个过程都可能伴随着不幸与失败。当你经历了这些不幸与失败之后，才会懂得如何来应对和防范。所以，正视失败吧，只有这样，它才会成为你前进的动力。"

犹太人对于失败的态度，令我们反思。如果一个人的人生太过于平顺，那么在突如其来的失败面前，他一定难以招架，最终会不堪一击。所以，适当经历些失败，对我们是有益的。但是，如果在失败面前，我们总是习以为常，无动于衷，那这样的失败对于我们就毫无意义了。只有在失败来临之际，正视失败，总结经验教训，才会吸取失败带给我们的正面效应，从而变得更坚强。

失败造就坚韧，坚韧成就不凡。失败并不可怕，只要我们能正视失败，调整自己的心态，就能很快从失败的阴影里走出来，积极地开始新的征程。所以，失败对于我们是福还是祸，关键在于我们对待它的态度。当我们学会正视失败，就更容易走向成功。那么，如何做到正视失败呢？不妨做到以下几点。

（1）勇于承认失败。

俗话说："留得青山在，不怕没柴烧。"遭遇失败时，不妨勇敢地承认失败，这样才能做到坦然，从而卸掉心理负担。承认失败，需要的是一种豁达的心胸和目光长远的人生智慧。当你拥有了这两样东西，就能从容淡定地应对重创，重新开始，最终咸鱼翻身，所向披靡。

（2）及时而理性地总结经验教训。

遭遇失败时，不要一味陷入其中，忧伤悲愤，而应该及时而理性地总结经验教训，这样才会“输得值”。很多伟大的科学家，在其探索科学的过程中，不知多少次无功而返，但他们不但没有被击垮，反而能正视失败，积极地总结经验教训，最终走向成功。善于总结失败的经验教训，是人生的大智慧，推动着人们走向更辉煌的人生。

（3）要有昂扬激愤的斗志。

失败的基调是悲壮的，但它却最能激起人们昂扬的斗志，让人一往无前。我们遭遇失败时，在正视失败的同时，还要“不服输”。这里的“不服输”并不是否定失败，而是在及时而理性地分析了失败原因的基础上，以更饱满的热情、更坚定的信念，全身心地投入到新的征程中。比起未经失败的斗志，失败带来的激愤的斗志更能让人产生持久奋斗的耐力。

哈佛心理锦囊

人生难免遭遇失败，没有经历过失败的人生亦是不完整的。没有失败的考验，也就没有不屈的人格。正因为有了失败，才有勇士与懦夫之分。遭遇失败，可以使我们走向成熟；正视失败，可以鼓舞我们的斗志。所以，不要害怕失败，更不要逃避失败，唯有正视失败，才能引领我们走向更辉煌的成功。

兴趣在哪里，成功就在哪里

有的人一辈子兢兢业业，却老无所成；有的人风华正茂，就已经事业辉煌；有的人迷迷茫茫，得过且过了大半生……造成这些迥异人生的原因，除了机遇、意志力等，还有一个因素也不容忽视，即他是否做了自己感兴趣的事。对一般人而言，做自己感兴趣的工作或事情，会更有激情和毅力。

哈佛女孩吴铁凡说："兴趣在哪里，心就在哪里。"在谈到自己成功的秘诀时，她指出："我是一个好奇心很强的人，如果说哪门学科学得好，那肯定是因为那门学科有非常吸引我、值得我研究的地方。"也就是说，是兴趣引导她走向了情愿为之付出努力的领域，也是兴趣使她在这个领域获得巨大的成就。

心理学研究表明：一个人做他感兴趣的事，可以发挥智力潜能的80%以上；而做不感兴趣的事情，则只能发挥智力潜能的20%左右。因此，对于想要成功的人来说，激发和培养自己的兴趣，可以使自己注意力高度集中，观察力敏锐，增强自信心，从而取得理想的学习效果。

阿基米德是古希腊著名的数学家，他的兴趣集中在数学王国中，我们甚至可以说，他对数学是走火入魔的。当他端起碗却一不小心想起了数学，便会忘了吃饭；他会在火盆的灰烬里画各种几何图形；进浴池后，他想起了数学，便会拿起擦身用的油在身上画起图形来，结果是最终忘了洗澡这回事。凭着对数学的这股狂热，他发现了阿基米德定律。

米丘林是俄国杰出的园艺学家，他的兴趣在于果树研究。从小，他就喜欢在园子里挖地、选种、播种、栽培和摘果，在这一过程中，他又不断地产生出去创造发明新品种的浓厚兴趣。于是，在不懈的努力研究中，他最终培育出了300多种果树的新品种。

英国人类学家古道尔的兴趣非常特别，他很喜欢观察动物的一些生活习性。从小时候起，他就对母鸡下蛋非常感兴趣。有时候，他一个人偷偷地蹲伏在鸡窝旁边观察母鸡下蛋，一蹲就是几个小时，一动也不动，连大气都不敢出。长大后，他又抱着这种狂热的兴趣去研究黑猩猩。他不顾危险，只身深入热带森林，和猩猩生活在一起。在经过了长达10年的观察和研究之后，他最终写成了《人类的近亲》等不朽的著作。

爱因斯坦曾说："兴趣是最好的老师。"这也是他对成功经验的总结。他曾对一位传记作家说："我其实并没有什么特别的才能，只不过是喜欢刨根究底地追问罢了。"当被问到是怎样创立相对论的，他回答说："对于空间、时间是什么这样的问题，别人也许很小就弄明白了，但我却因为智力发育缓慢，长大了都还没搞清楚，所以就一直在揣摩这个问题，结果也就比别人钻研更深而已。"事实的确如此。爱因斯坦从16岁开始，就一直思考这样一个问题："假如一个人以光速跟着光波跑，那么他就处在一个不跟着时间而改变的波场之中。但看来似乎不存在这种事情！"当他对这个问题产生出浓厚的兴趣之后，便开始着手探究，并持之以恒，最后经过十余年的艰苦探索，终于提出了改变人类宇宙观的相对论。

在人类历史中，这样一些由于兴趣所至，如醉如痴的学者比比皆是，他们在兴趣的引导下，展开了艰苦卓绝的研究和奋斗，最终为人类社会的文明和发展做出了不可磨灭的贡献。反过来，这些事实也都表明，凡是对国家、对社会做出创造性贡献的人，无一不是对所献身的事业有着浓厚的兴趣。

懂得了兴趣是成功的先导这个道理之后，新的难题又摆在了我们面前——很多人都不知道自己的"兴趣"在哪里。研究显示，绝大多数人一生都不知道自己的兴趣何在。而有的人是这样一种情况：当他终于发现了自己的兴趣时，已经垂垂老矣，身体和环境已经不允许他再从事自己感兴趣的工作了，最后只能成为终生的遗憾。所以，要想根据自己的兴趣来获取成功，就必须先寻找到自己的兴趣所在，而发现兴趣的过程，也就是发现自己的过程。

那么，如何来确定自己的兴趣所在呢？下面的几个方法为你指点迷津。

（1）把兴趣和才华分开。

很多人在确定自己兴趣的时候，很容易走入一个误区，即认为自己做得好的事情，就是自己的兴趣所在。其实，在才华所在的领域，确实比较容易出成绩，但如果那并不是你感兴趣的东西，你一样无法感受到激情。所以，要想找到真正感兴趣的东西，你可以这样问自己：对于某件事，你是否十分愿意重复它，并能愉悦地坚持把它完成？如果答案是肯定的，那么恭喜你，你已经找到了你的兴趣所在。

（2）通过回顾来判断兴趣所在。

当我们为找不到自己的兴趣所在而迷茫的时候，一定不要逼迫自己去做各种假设，而应该冷静地回顾自己的经历，想想看自己在做什么事情的时候会比较开心，会乐此不疲，或者做完以后仍意犹未尽，等等。通过这样的回顾，就能有效地发现和准确判断我们的兴趣所在。因为人生路上，兴趣经常和我们擦肩而过，如果不及时地去回顾和分析，则会在无意中与它永远地错失。

（3）开阔自己的视野，尽可能多地接触各个领域。

如果通过上面的两个方法仍然无法找到自己的兴趣所在，那么只能说明，你的兴趣还未被接触。那么这时候，我们不妨通过开拓自己的视野，尽可能多地接触各个领域的方法来寻找自己的兴趣。当你的视野被打开，就会有机会进行多方面的尝试，然后在尝试中根据自己的心动指数来确定自己的兴趣。而开阔视野的方法也有很多，比如通过阅读、网络、讲座、社交活动、朋友交流、电子论坛等方式，皆可接触到不同的领域、工作和专家。

哈佛心理锦囊

生活不能只有严肃的人生态度带来的庄重，也应该有因为经营兴趣而造就的斑斓多姿。一个为了生活而工作的人，他的人生是乏善可陈的；一个在兴趣中经营生活的人，他的人生是丰富多彩且有意义的。我们不能把成功只拘泥于诸如勤奋、智慧等方面，而应该注重兴趣的培养和经营。其实，一个把兴趣变成工作的人，更容易获得成功，因为兴趣在哪里，成功就在哪里。

激情点燃成功，坚守让激情持久

前面我们讲到，成功来自兴趣所在。但是，值得补充的一点是，在找到了兴趣以后，我们还得以饱满的激情去经营它，否则徒有兴趣而无激情，同样难以走向成功。

美国的《今日心理学》杂志曾报道说："一般人可能认为，成功只需要一个智慧的头脑。而事实上，对于很多成功者来讲，智慧并不是第一位的，激情与坚守更为重要。"而《哈佛商业评论》杂志的管理锦囊中也有这样一条："好的业务经理应该像拳击手一样，既斗志昂扬，又保持弹性；在伤心失望、受到打击的时候，也要迅速地爬起来。因为心有所想，所以激情不减。”这些都说明，激情是吹动成功之帆的风，它能让人充满成功的力量，并百折不挠。

有一次，美国的一位部长对比尔·盖茨说：“我在参观微软时，发现每一个员工都非常努力，且非常快乐。我想知道，您是如何打造这样的企业文化的？”比尔·盖茨笑着回答：“因为我们雇佣员工有一条准则，即这个员工必须对软件开发有着极大的激情。”

从中可以看出，微软成功的秘诀，在于它的员工总是对工作饱含激情。美国著名的作家爱默生曾说：“有史以来，没有任何一项伟大的事业不是因为热忱而成功的。”所以，激情是点燃成功的火把，要想获得成功，就必须全身心地投入工作，而这种投入，则有赖于发自内心的激情。

美国成功学大师拿破仑·希尔同样认为，激情是一种意识状态，能够鼓舞和激励一个人对自己的兴趣采取行动。就他个人而言，他的写作几乎都在晚上进行。有一天晚上，他不眠不休地工作了一整夜，因为太专注，竟没有注意到时间的流逝，当白日来临，还以为只过了1个小时而已。于是，他又继续工作了一天一夜，除了中途停下来吃点清淡的食物外，他未做一分钟的休息。用他的话来说，激情让人不累，不饿，不困。所以，激情并不是一个空洞的名词，它是一种力量，一种让人连续工作一天两夜也丝毫感觉不到疲倦的力量。

另外，拿破仑·希尔每次评估一个人的时候，除了考虑对方的才干和能力之外，也非常看重一个人的激情。因为他认为，如果你有激情，几乎就所向无敌了；要是你没有才干，但有激情，那么你还是可以使有才能的人聚集到你身边来；如果你没有资金或设备，若你能激情地说服别人，那么还是会有人对你伸出援手，帮你实现你的梦想。

拿破仑·希尔的故事告诉我们，激情不但是一个人成功的动力，还有一种影响别人的感召力。在这双重力量的作用下，想不成功都难。另外，还有一点值得重视：如果你的激情来去匆匆，那么，做任何事都很容易半途而废，从而难以走向成功。所以，有了激情之后，还得坚守这种激情，让它更持久。著名小说家、政治家威尔斯的坚守就令很多人钦佩不已，正如他自己所说："我的脑子是'一根筋'类型，认准了就不会放弃，很少有人像我这样的。"威尔斯的一位同事对《纽约时报》说，每1000个数学家中最多只有1个人能看懂威尔斯的研究成果。对此，普林斯顿大学的教授纠正道："威尔斯的研究成果并不是完全来自他的大脑，而在于他的坚守。从某种意义来说，是坚守造就了威尔斯的成功。"

激情会让坚守更持久，而坚守则会培养更大的激情。所以，在拥有了激情之后，我们要努力让这份激情长久地保持下去，直至获取最后的成功。你要相信，当你的意志力、追求成功的激情越强烈，你成功的概率就愈大。

那么，我们如何才能获得激情，又怎样才能做到坚守呢？让我们分别来分析一下吧！先说说激情来自何处。

（1）激情来自崇高的理想。

一个没有理想的人，如同没有方向的鸟儿，只能漫无目的地乱飞一通，最后精疲力竭，无功而返。当一个人拥有了崇高的理想，就会受这个理想的感召，奋不顾身地投入其中，充满了无限的力量。这一股子劲儿，就是激情。

（2）**激情来自强烈的责任心。**

责任是一个人立身处世的基本条件，是对所做事情的忠诚和热情。一个具有高度责任感的人，会把自己正在进行的工作看成追求和奉献，从而满怀热情地投入其中；而一个没有责任感或责任感不强的人，则会把手中的工作当成一种负担，只为应付了事，最后草草收场。一个充满激情的人，会忠实地履行自己的责任。

（3）**激情来自兴趣。**

如果说激情点燃了成功的火把，那么兴趣就是点燃激情的“火种”。只有当我们在追求兴趣的过程中，才更容易体会激情，并因为激情而享受到快乐！

接下来，让我们说说如何才能做到坚守吧！

（1）**抱有雄心。**

对于一个渴望成功的人，雄心壮志是必不可少的。一个坚守的人，可能会立下极具挑战性的长期目标，然后在激情的作用下，一鼓作气地朝着这个方向进发。

（2）**自我约束。**

一个人要做到坚守，自我约束也是相当重要的。调查显示，长于坚守的人都有着极强的自我约束能力。所谓自我约束，就是在坚守的过程中，阻止一个人去进行无关紧要或者影响进程的某些事情，以便人们能心无旁骛地把手中的工作继续下去。

（3）**保持乐观。**

乐观在坚守的过程中充当着一个不容小觑的角色。保持乐观的心态，会让人不因为遭遇困难和挫折而放弃努力，也会让人坚信成功的可能性，从而勇往直前。

哈佛心理锦囊

卡耐基说过，导致人们成功的因素有很多，但最首要的就是激情。而黑格尔也说，世界上的伟大都是靠激情创造出来的。由此可见，是激情创造了我们的生活。诚然，我们的生活大多是平淡的，但是我们的内心不能甘于平庸，而应该努力地去寻找自己的梦想，并通过持续的激情来实现自己的梦想。只有这样，我们才能最终体验到成功的快感。

能屈能伸者，终成大事

不管一个人多么富有、多么心高气傲，都难免要在生活的胁迫面前微微弯下腰。有人可能说，陶渊明不就做到了“不为五斗米折腰”吗？事实上，那是当时的社会环境所决定的，他那样的孤高气节，也就只有在当时的社会风气下能被得以成全。而换做今日，这样的做法难免要被定论为不识时务。

所谓不识时务，意即不通人情世故。而不识时务的人，要么死缠烂打，要么心高气傲。这样的人，在当今社会并不受用。在这个竞争激烈的社会，只有做到能屈能伸，才能顺应时代潮流，成就一番大的事业。

哈佛大学心理学博士岳晓东在讲解“压弹”（指个人面对生活逆境、创伤、悲剧、威胁及其他生活重压的良好适应，也是个人面对生活压力和挫折的“反弹能力”）一词时说，具有良好心理素质的人，大多能屈能伸，受得住委屈，吃得了苦。这就说明，伸缩自如的性格，是适应社会的必备素质。

三国时期，一次曹操邀请刘备赴宴。刘备因为不知曹操的用意，心里一直惴惴不安，但表面上依然开怀畅饮，无所顾忌。正当二人喝到正酣，天空中忽然乌云密布，暴雨即将来到。这时，曹操对刘备说："你历经四方，一定十分了解今世的英雄吧。现在，可以说说你对这些英雄的看法吗？"刘备想了想，便相继说出了自己对袁术、袁绍、刘表、孙坚、刘璋、张鲁、张绣等名人志士的看法。谁知等刘备刚一说完，曹操便哈哈大笑着说："这些人，都是些碌碌无为之辈，怎么能称得上英雄呢？"刘备谦虚地说："我知道的就这些，丞相您又有何高见呢？"曹操说："若要论英雄，当然得胸怀大志了。"刘备继续追问道："那丞相认为当今世上有谁能够担此大任呢？"

曹操又是一阵大笑，然后用手指指刘备，又指指自己道："当今天下英雄中，能担当此任的恐怕只有您和我曹操了。"刘备一听此言，吓得不轻，连手中的筷子也一下子掉到了地上，这时正赶上外面雷声轰鸣，风雨交加，刘备便镇定地弯下腰，捡起筷子，语气不稳地说："这雷声太大，太吓人了。"曹操笑得更为放肆，讥讽道："大丈夫连雷声都会害怕吗？"刘备小声说："电闪雷鸣，风云变色，这样的天气难道还不够吓人吗？"曹操听了刘备的话，更是在心底里想，刘备也不过如此吧！

谁都明白，其实刘备亦是胸怀大志之人，他在曹操面前故意表现出懦弱，是为了让曹操觉得他胸无大志，从此也不会时刻提防着他。聪明的刘备借助这样一个机会打消了曹操的疑虑，为自己事业的发展赢得了一个和平安稳的环境。

一个人若是处处强出头，则很容易成为众矢之的，这就是所谓的"树大招风"。所以，在该屈的时候就不要逞强，要学会降低自己的身份，这样才不失为一个明哲保身的好办法。所以，当我们不得不低头的时候，一定要暂时地服软，以求得眼前的安全。只要我们心中明白，暂时的屈就是为了长远的利益，那么一时的牺牲又何足挂齿呢？当你以谦卑打消了别人对你的提防和警惕时，你就可以养精蓄锐，蓄势待发了。

聪明的人善屈善伸，有修养的人能屈能伸，成大事的人则大屈大伸。大屈，是容忍的气度，是成大事者的必选；大伸，是成大功、大业、大成者的必备。姜子牙溪边垂钓得遇文王，从而奠定了周朝八百年基业；诸葛亮高卧隆中，后帮助刘备建立蜀国；韩信胯下忍辱，终成兴汉名将；司马迁甘受腐刑，最终完成千古史书——《史记》……这些耳熟能详的历史名人，都是“屈”与“伸”的成功范例。所以，如果你想要获得成功，则应该首先把自己修炼成一个能屈能伸的大丈夫。

那么，如何才能做到能屈能伸呢？下面，让我们来一起探讨。

（1）失意时学会屈就。

在通往成功的路途上，我们总会遇到各种困难和挑战。很多人能忍受环境的艰苦，却容不得精神上的半点屈辱，这样往往导致很好的机会白白流失。所以，失意时，我们要学会忍耐，学会臣服于暂时的委屈之下，只为保得暂时的平安。在短暂的委曲求全之后，你又可以保存实力，等待转机的降临。俗话说，来日方长，也许过了这个节骨眼，你又可以扬眉吐气了。所以，暂时的忍耐不是懦弱，而是任重而道远。

（2）得意时学会伸展。

人生不光有逆境，也有顺境。其实，身处顺境更容易消磨人的意志。因为顺境往往让人得意忘形，沉迷于安逸，怠惰了心性。所以，当你身处顺境，一定要懂得一个“伸”字，借机乘风万里，扶摇直上，顺应时势，更上一层楼。

（3）学会刚柔并济。

人的性格一定不要太极端，最忌讳只有一面性。如果太刚强，则遇事往往不顾后果，易受挫折；如果太柔弱，则遇事通常优柔寡断，坐失良机。所以，我们要养成能屈能伸，刚柔并济的性格，当刚则刚，当柔则柔，屈伸有度，才能成为真正的强者，最终走向成功。

哈佛心理锦囊

人行于世，如走钢丝，稍不留意，便会坠落，生命堪虞。如果我们能拥有能屈能伸的胸襟，达到了屈伸自如的境界，那么，即使遭遇再多的曲折艰辛，再多的心机暗算，也都会平安度过。所有的挫折和耻辱，都将全部在屈伸的转换中化作奋起的力量，去追逐前方更大的成功。

LESSON 10

酸甜苦辣都是人生的“菜”——逆境心理学

假如人生是一桌菜，有多少是合你胃口，有多少又是让人倒胃的呢？曾国藩说：人生不如意，十之八九。确实，在人生里，大多数的时候，我们被困难和烦恼纠缠，我们误以为这些只是人生的插曲，过去就好了，但过去一个烦恼，就会迎来下一个。其实，无论是酸甜苦辣，都是人生的大菜，你能做的除了接受，就是从苦辣里寻求香甜。

甜蜜在你对待苦涩的态度里

每个婴儿的出生，都伴随着一声声啼哭，于是，人们认为，那是婴儿在为他踏入苦难的人间之旅而哭泣。时下里，人们也总是有意无意地把人生说成是一杯苦咖啡，似乎活着的过程，就是为了品尝苦涩。诚然，人生在世，总要面对各种各样的逆境，但你的心态决定了逆境给你带来的人生意义。要知道，苦咖啡在许多人品来，却是非常香浓的。所以，对于苦涩与甜蜜的定义，完全因人而异。

哈佛心理学教授丹尼尔说："逆境也是机遇。"也就是说，逆境不光是苦涩的代名词，它也可以转化成甜蜜。关键在于你对待苦涩的态度。

一个18岁的女孩子觉得自己最近的人生糟透了，于是，她哭着对自己的父亲抱怨说，自己的生命为何充满了痛苦和无助？她也要阳光地快乐地健康地活着，可是，人生总是让她尝尽苦涩。

当厨师的父亲什么也没说，而是拉起了女儿的手，走向厨房。

父亲打开火，烧了三锅水。当所有锅里的水都烧开之后，他在第一口锅里放进了萝卜，在第二口锅里放进了一枚鸡蛋，在第三口锅里倒进了咖啡。

面对女儿疑惑不解的眼神，父亲没有解释，而是温柔地握着女儿的手，对她鼓励地微笑着，示意她不要说话。于是，父女二人静静地看着滚烫的水，以炽热的温度烧滚着锅里的萝卜、鸡蛋和咖啡。

过了一二十分钟，父亲把三口锅里的萝卜、鸡蛋、咖啡分别放进碗中，然后笑着问女儿：“宝贝，现在你看到了什么？”女儿想也不想地说：“萝卜、鸡蛋和咖啡。”

于是，父亲把女儿拉近，让女儿伸出手去摸那经过沸水烧煮的萝卜，女儿发现萝卜已被煮得很软，一捏就烂；然后，父亲又让女儿拿起那枚鸡蛋，要她敲碎薄硬的蛋壳，细心观察这颗水煮蛋；最后，父亲又让女儿尝了尝咖啡，女儿顿时笑起来，她太喜欢这咖啡的味道了，闻起来有着浓浓的香味。

做完这些之后，女儿仍然不解地问父亲：“爸爸，这是什么意思呢？”

父亲不慌不忙地解释说，萝卜、鸡蛋和咖啡面对着相同的逆境，即滚烫的水，反应却各不相同：原本粗硬、坚实的萝卜，在滚水的烧煮中却慢慢变软，最后烂了；这枚鸡蛋原本十分脆弱，它那薄硬的外壳只是为了保护它的流体内容物，但是在滚水的烧煮中，它却变得愈加坚硬；而粉末似的咖啡却如此与众不同，在滚烫的沸水中，它竟然改变了水。

“你呢？我亲爱的宝贝，你是什么？”父亲温柔地问女儿。

没等女儿回答，他就慈爱地摸着虽已长大成人，却一时失去勇气的女儿的头说：“当逆境来临，你的反应是什么呢？你是看似坚强的萝卜，却在逆境中变得极其脆弱，最后失去了力量吗？或者你是看似脆弱的鸡蛋壳，在逆境来临时，一味负隅顽抗，内心却痛苦不堪？又或者，你是这包苦咖啡，将那带来痛苦的沸水改变？当水的温度升到一百多度时，咖啡就与之相溶，当水沸腾到最高点时，它就越发香甜美味。所以，我的宝贝，你是要让逆境来改变你、摧残你，还是要你自己来改变逆境，让苦涩变成甜蜜？”

女儿听了父亲的话，瞬间领悟了。

读了这个故事，我们和这个女儿一样，对逆境有了新的领悟。很多时候，逆境确实让人懊恼伤怀，但它的苦涩背后，依然可以寻味到甜蜜。只要你用积极的心态来对待苦涩，那么它就很容易转化到积极的方面，比如用你的坚强来化解逆境，或让自己的身心接受逆境的洗礼，然后在磨炼中让自己成长。在经历了由苦到甜的过程以后，你就好比完成了一次凤凰涅槃，将拥有更快意的人生。

所以，不要总是抱怨自己的人生充满坎坷，也不要害怕品尝苦涩，因为只有尝了苦，才能懂得甜的可贵。现在，就让我们学着如何在逆境中寻味甜蜜吧！

（1）正确认识逆境。

大多数人认为，逆境来自两方面，一是客观的，一是主观的。前者指的是自然灾害和战争造成的逆境，不以人的意志力而改变；后者则是在人际交往和升学、提职、家庭等方面出现的逆境，往往由人为的因素造成，是主观的。其实这样的观点是错误的，后者虽然掺杂着人为因素，但社会关系是客观的，人际交往和人生各个关键步骤中各种复杂因素的关系也是客观存在的，它的形成在某种意义上可以看作一种必然结果。所以，逆境是客观存在的。当我们认识到这一点时，才可能在实践中不断努力，寻求最佳方法摆脱逆境。

（2）坦然面对逆境。

很多人之所以在逆境中感到绝望、无助，是因为他们从内心深处不敢坦然面对逆境。他们总是在臆想中夸大逆境的负面危害，产生出恐惧和排斥的生理和心理反应，从而一味逃避逆境。可是，越逃避越无法解决问题，这会直接导致局势的严重化程度加深。相反，如果你能坦然面对逆境，能从容地品尝着其中的苦涩，在历练中积蓄力量，那么，你最终一定会守得云开见月明，总会苦尽甘来。

（3）明白逆境是可以向顺境转化的。

因为逆境是客观存在的，所以，它在一定条件下是可以向顺境转化的。只要你认识到逆境是随着条件的变化而发展的，那么，就一定要把握环境的发展变化，抓住时机，积极地创造条件，把不利因素变为有利因素，待条件成熟后，顺势利导，变逆境为顺境。

哈佛心理锦囊

人生总会遇到这样那样的逆境，但我们不能永远深陷其中，丧失生活的信心，而应该在逆境中求生。要想逆境求生，就必须得认清逆境，并坦然面对逆境，把逆境看作严峻的考验和磨炼。唯有如此，我们才能心平气和地品味逆境这杯苦咖啡，待咖啡饮尽，便蓄势待发，奋力搏击，使逆境转化为顺境，从而品尝到生活的甜蜜。所以，不要对苦涩皱起眉头，因为苦涩之后，就是甜蜜，不过，能不能尝到这种甜蜜，还得取决于你对待苦涩的态度。

久经磨炼的心，会变得更强大

每个人的人生，都需要一些磨炼，因为只有久经磨炼的心，才会变得更强大。对此，可能有人会提出异议，认为那只不过是为苦难寻找托词罢了。事实上，如果我们仔细观察一些动物的习性就会发现，未经磨炼的生命，从来都是不堪重击的。比如那些自己孵化成功的动物，总是比那些在人类“无知”的帮助下而出生的动物具有更强的生存能力。这就说明，磨炼也是成长的必修课，如果你想从人生这所学校顺利毕业，就一定要认真上好这门课。

从美国的失业调查中可见，哈佛大学生的失业率是极其微小的。究其原因，除了他们出众的专业成绩以外，还在于他们的自信。而这种自信，正是哈佛大学给予他们的。有教授指出，能从哈佛毕业，就说明你能经得起各种考验和磨炼。而哈佛学生最大的特点，就是能够巧妙地处理各种各样的情况，有着极强的适应能力和解决问题的能力。而这些能力从何而来，当然是在各种磨炼中造就的。要知道，温室里的小花永远无法抗击风雨，因为它从未经历过，所以无法练就这样一种能力。

一场暴风雨过后，蜘蛛千辛万苦结成的网被风雨袭击得破败不堪。没办法，它只好重新再结一个。这一次，它选择了一个看起来比较安全的墙角。

一根、一根又一根，蜘蛛就这样不知疲倦地抽着丝，织着网，可是不幸再次降临，在它刚刚结到一半的时候，附近墙角里伸过来的树枝随着雨后的风摇摆起来，一下子就把它即将大功告成的作品打了个稀烂。蜘蛛并不泄气，又重新开始结起网来。可是，狂风好像故意和它作对似的，一会儿又吹刮地树枝横扫过来，把蜘蛛织到一半的网给再次破坏了。就这样，蜘蛛一遍遍地结着网，狂风一阵阵地来，树枝也一次次地横扫过来。过了许久，蜘蛛依然没有完工。

这个过程，恰巧被路过的 3 个人看到了。

第一个人嘲笑起来："真是只笨蜘蛛，墙是死的你是活的，这里不行你就换个地方呗，或者到屋子里面去结网，岂不更安全！我才不会像你这么傻呢，不懂变通！"几年之后，这个人成了有名的富翁。当记者向他采访，问起他成功的秘诀时，他想也不想地说："哪里钱好挣就往哪里去，不要像蜘蛛一样只知道死守在一个墙角就好。"

第二个人则在内心受到了极大的震动，他惊呼道：“天哪，小小的蜘蛛面对磨难时竟有如此大的毅力，虽然屡战屡败，但永远不放弃。我还不如一只蜘蛛呢，只是因为失去了一次工作的机会就变得消极惆怅。”从此，他果真变得坚强起来。后来，即使他的人生遭遇了一些新的不幸，却依然是一个乐观的坚持理想的人。

而第三个人，看到蜘蛛如此辛苦地结网，便哀叹着说：“唉，这只蜘蛛和我真像啊！都是这么卖力地工作，却备受打击。看来注定是不能成功的啊！”从此，他变得更为消沉，过了很多年，依然一事无成。

从故事中的三个人对待磨炼的态度可以看出，正确地对待磨炼，可以成就非凡的人生。虽然每个人都会遇到相同或相似的磨炼，但是因为每个人看待磨炼的心态不同，从而决定了它对人产生的作用和影响亦不同。我们甚至可以说，磨炼是成功的基础，只有拥有了应对磨炼的心理素质，才有可能承受人生旅途中的风雨。因为任何事都不可能一马平川、一帆风顺，而是不时地充满着困难。在面对这些困难的时候，如果知难而退，或者裹足不前，都终将导致你一事无成；倘若你面对这些困难的时候，能够经受住磨炼，并脚踏实地地继续前进，那么，你终将成功。

生活就是这样，人生的道路充满了出其不意的艰辛和痛苦，面对这些磨炼，我们决不能低头，而应该勇敢地接受它，然后化解它，这样才会让我们的内心变得更加强大。那么，如何才能经受住磨炼呢？这个问题值得我们探讨。

（1）要有良好的心理素质。

一个人如果能够凭借自己良好的心理素质与性格，适应任何环境，任何人物，最终受益的还是自己。懂得在生活中不断摔打自己，锻炼自己，使自己能够顽强地独自去面对生活，面对生活的所有挫折与打击。

就好比小树将根扎在土壤深处，任凭雨打风吹也能从容面对，依然挺立。而那些时时事事依赖父母的人就像那些把根扎在土壤表层的小树，一有风吹草动就迎风倒下，这样的人是可怜的！他的遭遇是可悲的！

（2）提升后天的素养。

个人素养，有先天的禀赋，也有后天的修炼。前者是我们无力选择或改变的，但我们却可以积极主动地塑造自身的后天素养。提升后天素养的过程，也是我们在磨炼中有所收获的过程。如果我们能经受住磨炼的考验，能够在磨炼中让自己成长和强悍，那么，走出“炼狱”的我们，一定会像哈佛的毕业生一样，充满自信，所向披靡。

（3）做到勤奋努力，脚踏实地。

有人可能想，勤奋与脚踏实地，与经受磨炼有什么关系呢？其实，二者有点互为因果的意思。试想，一个怠惰、做事虚浮的人，又怎能经受得住磨炼的考验呢？如果我们能督促自己改掉怕吃苦的毛病，养成一种勤奋不息、坚忍不拔的优良品质，那么，面对磨炼的时候，我们一定能迎难而上，并在历练的过程中完善和升华自己。

哈佛心理锦囊

“艰难困苦，玉汝于成。”真正大有作为的人，都是那些在磨炼中学习新本领，积累新经验，增长新才干的人。他们不会因为遭遇困难而怯懦地退缩，而是勇敢面对，并在实践的锻炼中吸取营养，经受考验，从而提高自身的能力。所以，不要畏惧磨炼，更不要在磨炼中不堪一击，要努力地调整自己的心理素质和身体素质，要深信，穿越“炼狱”，就能到达“天堂”，因为久经磨炼的心，会变得更强大。

苦难锻造品格，让人性更完美

生活中，我们会发现，那些具有人格魅力的人，往往比那些拥有巨大财富的人更容易令人仰慕。由此可见，品格能决定一个人的气场，品格能代表一个人的形象。那么，优秀的品格从何而来呢？如果仔细观察，我们不难发现，大多品格高洁的人，都经历过许多苦难。也就是说，他们的品格是在历经苦难的过程中得到完善的。正如《圣经·新约》里所写的：“你们落在百般试炼中，都要以为大喜乐；因为知道你们的信心经过试验，就生忍耐。但忍耐也当成功，使你们成全完备，毫无缺欠。”如果不是具有伟大的信仰，人们恐怕很难经过苦难的磨砺；如果没有经过苦难的磨砺，人们恐怕很难拥有高贵的品格。

人们常说：“苦难是人生的一笔财富。”虽然这只是一句鼓舞人的激励语，但推敲起来，它却不无道理。试想，苦难本身，总是带给人们不幸，但是，当我们经受住了这种不幸，岂不是很幸运？因为，毕竟不是每个人都能承受得起苦难的。所以，能经受住苦难的人，才会懂得苦难的现实意义，才会因为这些苦难，让自己变得更坚强，让品格变得更高尚。正如古罗马政治家塞涅卡所说：“没有谁比从未经历过苦难的人更加不幸，因为他从未有机会检验自己的能力。”

在一次名流们的聚会上，那些小有名气的成功实业家和明星聚在一起，谈笑风生。而著名的汽车商约翰·艾顿就是其中的一个。

聚会上，艾顿和朋友，也就是后来成为英国首相的丘吉尔先生相谈甚欢。他向丘吉尔讲述了自己的过去——艾顿出生在一个穷困的偏僻小镇，父母很早就离开了人世，姐姐靠帮人洗衣服、干家务来辛苦地挣钱，把他抚养成人。可是，不幸再一次降临。姐姐出嫁后，姐夫便将他赶到了舅舅家，而舅妈则是个吝啬无情的人，对他极其刻薄。在他读书期间，舅妈规定他每天只能吃一餐，而且还必须付出劳动才能获得，即收拾舅舅家的马厩，另外还要负责剪草坪。后来，他好不容易可以步入社会，脱离舅妈的家了，便去当了学徒。当学徒伊始，他的酬劳低到连房子也租不起，所以，在一年多的时间里，他都躲在郊外一处废旧的仓库里睡觉……

丘吉尔听了艾顿苦难的往事，感到十分惊讶："如此不可思议，可是从前没听你提到过这些。"艾顿笑着回答说："这有什么好说的呢？凡是正在受苦或正在摆脱受苦的人，是没有权利和时间去诉苦的。"丘吉尔看着淡然的艾顿，心中充满了无限的敬意。因为在面前这个人身上，早已找不出历经苦难的痕迹，取而代之的是气定神闲的优雅与淡泊。这时，艾顿又开口说道："我相信，苦难在我这里是一笔财富。不过，并不是所有的苦难都会变成财富，它的转化是有条件的，这个条件就是，你必须要战胜苦难，并远离苦难，避免自己再受苦。唯有做到这些，苦难才能算是你的一笔人生财富。而且，最重要的是，不要动不动就向别人大倒苦水，大念苦经，因为在别人看来，你的苦难也许确实令人同情，但你的抱怨更让人感到反感与厌烦，别人会觉得，你是在请求廉价的怜悯，或者乞讨……所以，当苦难来临，当你正在经受苦难时，一定要靠自己的意志力来承受这一切的不幸，并学会享受这个过程，因为它会锻造你的品格，让你学会坚忍。当你成功摆脱了苦难，并勇敢地站起来时，别人会发现，你的人性变得更加完美。"

艾顿的一番话，让丘吉尔重新修订了他"热爱苦难"的信条。他在自传中这样写道："苦难，是财富还是屈辱？当你战胜了苦难时，它就是你的财富；可当苦难战胜了你时，它就是你的屈辱。"

艾顿的一席话，让人不由得心生敬意。是的，当很多人陷入困境，他们的第一反应就是对外求援，为了达到被援助的目的，他们甚至将自己的苦难夸大其词，唯恐别人认为自己还不够凄惨。其实，这些人本身的遭遇是值得同情的，但他们的做法却不被人赞赏。这和那些倚老卖老的人，在本质上是一样的。而那些真正有气节有风骨的人，即使遇到天大的苦难，也会首先通过自己的力量去解决。即使苦难再深重，只要他们还能承受，就永不会去开口祈求别人的援助。这样的人，一旦从苦难中走出来，其身心必定经历了打磨和锻造，会变得足够强大，意气风发。

所以，不要害怕苦难，更不要逃避苦难，就像万物虽然需要和风细雨的呵护，但同样离不开狂风暴雨的洗礼一样，每个人的成长中，苦难都是必不可少的经历。因为你对苦难的态度，直接表现了你的气度，也间接决定了你的命运。当苦难来临，你只要坚强面对，不屈不挠，勇往直前，最终一定会战胜苦难，完成凤凰涅槃。

既然我们对待苦难的态度和方式如此重要，那么，我们就应该在这方面多加锤炼。下面的几个小技巧，也许能帮助你积极地面对苦难。

（1）培养自信心。

不管是在工作还是生活中，我们难免遭遇苦难和挫折。这时候，最忌讳的就是抱怨与逃避，因为这样的负面情绪毫无作用。我们应该做的，就是毫不气馁，鼓足勇气和干劲，通过自己的努力去战胜苦难，获取成功。而这些积极的举措，首先要建立在充足的自信心上。只要你有满满的自信，那么任何苦难对你来说都是纸老虎。

（2）情绪转移。

当我们遇到各种苦难，一时的愤怒、恐惧、惊慌都是在所难免的。

如果这种极端的情绪一直持续，那么我们很有可能会做出一些失去理智的举动来。所以，为了避免一时的冲动，我们应该理智地控制自己，鼓励自己尽快甩掉这些负面情绪，把注意力转移到另一个事物上，以此来缓解不良情绪的影响，从而达到心理上的平衡。

（3）重新修定目标。

很多人所理解的苦难，都是外界强加给我们的，是比较客观的东西。其实不然，苦难也包括失败、失恋等比较主观性的东西。事实上，人们之所以把这些经历当作苦难，是因为这些经历对他们情感的伤害比较深重，甚至带着毁灭性。在这种情况下，我们不要一味地沉沦在失意中，而应该重新修订自己的目标，开始制订新的人生方案，让自己很快从落魄中走出来，开始新的征程。

哈佛心理锦囊

哈佛大学的威尔·皮特教授曾说："没有人可以不经历苦难就轻松地获得成功。纵观成就大业者，多是与苦难相伴，与痛苦为友。从他们的成功中，我们会发现，痛苦与不幸并不是可怕的事，只要以平常心去对待，它们反而会成为我们生命中最宝贵的财富。"不错，苦难不但能丰富你的人生阅历，还能锻造你的品格，让你的人性更加完美，从而让你用人格魅力去获取成功与财富。所以，不要拒绝苦难，因为那些无缘无故的享受终究短暂。

心存希望，人生才会有希望

哈佛大学的心理学家们曾经在一百名成功人士中做了一个测试，测试的内容是选出一项你认为绝对不能丢掉的东西，选项包括：财富、智慧、名利、希望与快乐。结果，“希望”以62票胜出，成为人们最不舍得丢掉的东西。这个测试告诉我们，拥有了希望，你就有拥有其他任何东西的可能。

希望是一个抽象概念，它适用于任何场合和任何人。当你身患重病，一线希望就可以让你转危为安，找回健康；当你家徒四壁，一线希望就可以让你白手起家，成就不凡；当你跌落谷底，一线希望就可以让你绝处逢生，重出江湖……希望是“假设”，是“譬如”，是“也许”，但希望也是“一定会”。所以，不要丢掉希望，心中有希望的人，人生才会有希望。

从前，有一位弹奏三弦琴的盲艺人，他非常渴望在有生之年能用自己的双眼看看这个世界。于是，他一边卖艺一边遍访名医，结果却都以遗憾告终。盲艺人绝望地想，我在这个世上，真是一个可怜的存在，空有一双眼睛，却看不见任何颜色。这样的人生，又有何意义呢？如果再找不到人能医治我的眼睛，我就去山里隐居起来等死吧！

过了两天，盲艺人碰见了一位道士，道士仔细检查了一下他的眼睛，然后对他说：“我这儿有个世代单传的秘方，保证能治好你的眼睛。不过，是有条件的。前提就是你得弹断一千根弦，才能打开这张方子。如果在此之前打开，就会失效的。”

盲艺人高兴地谢过道士，小心翼翼地接过秘方，放进内衣口袋里，满怀希望地走了。途中，他还收了一个同样双目失明的小徒弟，两人一边云游四海，一边以卖艺为生。

就这样，数十载过去，盲艺人终于弹断了第一千根弦。于是，他马上满怀期待地拿出那张珍藏完好的秘方，请明眼人帮他看看上面的药方都是些什么药材，他迫不及待地想去抓药来喝，好尽快医治好自己的眼睛。可是，明眼人接过方子一看，疑惑不解地说："这上面没有写字啊，不过是白纸一张嘛！"盲艺人听后，不禁愣住了，随即潸然泪下。也就在这时，他突然领悟了道士所说的那"一千根弦"的真正意义。那是道士赠送给自己的"希望"啊，就是这个"希望"，支撑着他度过了这么多年的快意人生。想到此，盲艺人不再忧伤绝望，而是在心底里告诉自己，只要心存希望，就可以活得很精彩，即使看不见这个世界，又有什么关系？

于是，盲艺人收拾好自己的心情，继续过着这些年一直过着的充满希望的日子。他没有把真相告诉自己瞎眼的徒弟，而是将那张宝贵的"方子"珍重地交到徒弟手里，并告诉他："我这里有一张保证能治好你眼睛的秘方，不过，在你弹断一千根弦之前，决不能打开它，否则就会失效。现在，你可以去收自己的徒弟了。去吧，去游走四方，尽情地弹唱。"

道士的一个善意的欺骗，竟给了盲艺人数十载的快乐时光，由此可见，希望的力量是多么强大。一个人有了希望，就会觉得有了盼头，做起事来才会信心百倍，耐力无限。反之，则会觉得生活毫无目标，只是得过且过。这样的人生，会错过多少精彩的瞬间啊！

人生在世，总要历经坎坷，总会在失望和绝望间打转。这时候，如果我们在心底里失去了希望，那么，此后的人生注定是一塌糊涂的。因为没有希望，就不会有经营人生的动力，更不会有纵横四海的张力。因此，不要让你心中的希望泯灭。无论是顺境还是逆境，都要在心中点亮一盏灯，永远照亮前行的路。

既然明白了希望带给我们的积极意义，那么，就让我们好好维护自己心中的希望女神吧！我们要时刻告诫自己：不管在任何情况下，绝不丢掉希望，绝不迷失方向。

（1）拥有乐观的心态。

但凡心存希望的人，大都有着乐观的心态。乐观，是一种积极的人生态度，它能够让绝望的人在黑暗中寻到一丝亮光，也能让迷茫的人找到突出重围的方向。一个生性乐观的人，凡事都会看到积极的意义。所以，如果你缺少乐观，那么，请调整好自己的心态，一切朝着好的方面想，这样，心中才会永远充满希望。

（2）学会感恩。

心存希望的人，永远有着一颗感恩的心。他们感恩幸福，感恩成功，感恩挫折，感恩磨难，感恩发生在他们身上的一切。当他们失意时，会觉得那是老天特意的安排，是为了“苦其心志”；当他们得意时，会觉得那是老天的奖赏，是为了鼓励他们前进。心怀感恩的人，珍惜每一次的际遇，珍惜每一次的尝试，珍惜每一段的人生。因为懂得珍惜，所以他们永远心存希望，永远相信命运从不怠慢自己。

（3）把握住每一次机会。

心存希望的人，懂得把握每一次机会，因为机会就是希望。在人生的旅途中，他们总是让希望与信心伴随自己，所以不再迷茫，不再绝望。对于善于把握机会的人来说，死路往往也是一个出口，希望无处不在。

哈佛心理锦囊

无论你正经历怎样的生活，无论黑夜多么漫长，请为自己点上一盏不灭的心灯，哪怕只是微弱的亮光，也能把希望照亮。在追求成功的道路上，希望不可或缺。当你执着于自己的希望，才会成为真正的赢家，因为心存希望，人生才会有光亮。

复杂即烦恼，简简单单做人

当代人，牢骚似乎越来越多：钱越来越少了，房价越来越高了，人与人的感情越来越淡泊了，两小无猜的人比自己过得更好了，社会似乎越来越复杂了，人们越来越没有信心了……这样看来，人生似乎是一无是处的。可是，你抬眼望望周围，是不是也有人过得心满意足呢？而这些欢喜着过日子的人，真的有很多钱、很大的房子吗？

其实，不是江湖越来越难混了，而是人们的思想复杂化了。仔细想想，人生哪有那般复杂呢？一杯白水，就能解渴；一碗清粥，就能果腹；一张小床，就能睡觉；一间小屋，就能居家；一声赞美，就能分享别人的幸福……人生实在是很简单，只是人们把它想得太复杂，所以不能安然自适。正如某位学者所说："做人要简单，就得像白开水，纯净平淡，没有掺杂任何杂质，从容生活，平淡才是真。"如果你拒绝平淡，那么你的生活注定动荡。你要知道，简单即平淡，复杂即烦恼。

有这么一个寓言故事：

从前，一群青蛙自发组织了一场攀爬比赛，谁先到达终点——一个非常高的铁塔的塔顶，谁就是胜者。

比赛当天，一群动物围着铁塔看比赛，给青蛙们加油。

比赛开始了，围观者们议论纷纷，小白兔说："就凭这些小小的青蛙，就想爬上那么高的塔顶？打死我也不会相信。""是啊，我看是自不量力，我敢打赌它们没有一只能成功爬上终点的。"蚂蚁附和说。"嗯，你们说得太对了，它们不可能成功的，因为这塔实在太高了！"小公鸡肯定地说。

正在参赛的青蛙们听到大家的议论，都不禁泄气了，除了几只情绪高涨的青蛙外，其余的都打了退堂鼓。

这时，观众群里有动物继续喊着：“还是不要爬了吧，这是根本不可能成功的事！”那些选择继续比赛的青蛙本来就觉得很累了，一听大家的怀疑之声，就都讪讪地停了下来，放弃了前行。

这时，只剩一只青蛙继续比赛了。只见它匀速地爬着，丝毫没有停下来的意思。虽然观众们仍在起哄，仍在高谈阔论地嘲笑它，可它却充耳不闻，毫不迟疑地向塔顶爬去。虽然颇费了些时间，但它终归到达了终点，成为唯一的胜利者。

比赛结束后，别的青蛙都来向胜利者表示祝贺，并想向它打听成功的秘诀。可是，它们这才发现，这只青蛙竟是个聋子！

这只聋子青蛙之所以能成为唯一到达终点的胜利者，是因为它根本听不见任何的流言蜚语，它的大脑里只有一个单纯的愿望，那就是一鼓作气地爬到塔顶。至于别的青蛙，别的动物怎么做怎么想，对它来说并不重要，它只听从内心的声音。

是啊，听从内心的声音，该是多么简单的选择啊！可是，一旦你的耳朵里装满了各种声音，那么你内心的声音，也必然被湮灭了。当别人的看法左右你的决定的时候，你的世界就已经方寸大乱，变得复杂了。而复杂就意味着烦恼——无从选择的烦恼，困扰于心的烦恼，等等，从此，你将渐渐失去自我，难以回归本真。

面对人们的各种苦恼，美国新泽西州的著名兽医莫莉曾打比方说：“其实，我们只要活得简单些，就会减少很多烦恼，前提是你要能够学会动物的心态。”为此，莫莉医生举了几个动物的例子：

猫：猫从来不会为任何事情发愁。当它感到些许焦虑，或者稍微紧张时，就会立刻去大睡一觉，让焦虑感消失。

狗：狗是一种非常健忘的动物。不管遭受了多大的痛苦，它都会在很短的时间内完全忘记，继而尽情享受眼前的欢乐，或咀嚼骨头，或追逐嬉戏。

鸟：鸟是最会享受生命的动物。即便在它们最忙碌的时候，也会时不时地停下来站在枝头欢唱。你也许会说，那是因为它们在求偶，但是你别忘了，即使过了繁殖季节，唱歌的鸟儿依然比比皆是。

最后，莫莉医生说道："正是这些朴素、简单而且自然的生活方式，让动物们过着没有负担、没有烦恼的自然而然的生活。"

动物虽然不如人高级，也没有人类那么聪明，但它们活得更轻松自在，在这方面，人类是落后于动物的。所以，如果我们想让自己少些烦恼，那就简简单单地做人吧！不过请你首先记住，简单并不意味着乏味，而是崇尚自然，追求真我。

（1）从简单的事情做起。

从简单的事情做起，就是从简易之处起步，从细微之处着手。要知道，任何复杂的任务、庞大的工程，都必须先简后繁，先易后难，否则，也就成为了"空中楼阁"。正如老子所说："图难于其易，为大于其细；天下难事，必作于易；天下大事，必作于细。"

（2）用简单的方法做事。

用简单的方法做事，就是化繁为简、以简驭繁。当我们面对一件棘手的事情，或一个复杂的问题时，首先要理清头绪，然后化繁为简，从简单处着手，循序渐进，最终一步步脚踏实地圆满解决。

（3）按照客观规律做事。

任何事情，都有它的客观规律可循，而这条规律，应该算是最为简单的。所以，不管我们做任何事情，都要洞悉复杂事物的本质，然后按照复杂事物的运动规律行事，抓住重点，把握关键。只有这样，才能真正做到化繁为简，顺应自然。

哈佛心理锦囊

世界本来很简单，是复杂的我们把它搞复杂了。很多人把简单理解为肤浅或者粗糙，这都是极为狭隘的。简单往往带来自然，带来坦然，能给人安然自适的感觉。简单做人，也不是说要没心没肺，而是在形式上追求简单、明了，在内涵上要求深刻、丰富，如果能真正做到这样，也算得上是一种至高的人生境界了。

图书在版编目（CIP）数据

哈佛心理课/穆臣刚著．—5 版．—北京：中国法制出版社，2020. 3

ISBN 978 -7 -5216 -0821 -2

Ⅰ．①哈…　Ⅱ．①穆…　Ⅲ．①心理学 - 通俗读物
Ⅳ．①B84 -49

中国版本图书馆 CIP 数据核字（2020）第 021022 号

责任编辑：陈晓冉（chenxiaoran2003@126. com）　　封面设计：周黎明

哈佛心理课

HAFO XINLIKE

著者/穆臣刚

经销/新华书店

印刷/河北鑫兆源印刷有限公司

开本/710 毫米 ×1000 毫米　16 开　　印张/13. 5　字数/238 千

版次/2020 年 3 月第 5 版　　2020 年 3 月第 1 次印刷

中国法制出版社出版

书号 ISBN 978 -7 -5216 -0821 -2　　定价：42. 80 元

北京西单横二条 2 号

邮政编码 100031　　传真：010 -66031119

网址：http：//www. zgfzs. com　　**编辑部电话：010 -66071900**

市场营销部电话：010 -66033393　　**邮购部电话：010 -66033288**

（如有印装质量问题，请与本社印务部联系调换。电话：010 -66032926）